# LA SAGESSE TRAGIQUE
*Du bon usage de Nietzsche*

*Paru dans Le Livre de Poche :*

L'Archipel des comètes

L'Art de jouir

Cynismes

Le Désir d'être un volcan

Esthétique du pôle Nord

Féeries anatomiques

L'Invention du plaisir : fragments cyrénaïques *(inédit)*

Politique du rebelle

La Sculpture de soi

Théorie du corps amoureux

Le Ventre des philosophes

Les Vertus de la foudre

*Collection dirigée par Jean-Paul Enthoven*

MICHEL ONFRAY

# La Sagesse tragique

*Du bon usage de Nietzsche*

LE LIVRE DE POCHE

© Librairie Générale Française, 2006.

ISBN : 2-253-08281-3 - 1ère publication - LGF
ISBN : 978-2-253-08281-1- 1ère publication - LGF

*Je suis en droit de me considérer comme le premier philosophe tragique – c'est-à-dire l'extrême opposé et l'antipode exact d'un philosophe pessimiste. Avant moi, on ne connaît pas cette transposition du dionysisme en une passion philosophique : la sagesse tragique fait défaut.*

NIETZSCHE, *Ecce homo*,
« Idées » Gallimard, pp. 79-80.

# PRÉFACE

## Décrue socialiste, crue chrétienne…

1

**Péché de jeunesse ?** – Cette *Sagesse tragique* fête ses quinze années… de tiroir ! Son manuscrit date en effet de 1988. J'avais vingt-neuf ans et je ne laisserai personne dire, etc. Vingt-sept livres plus tard, ce paquet de feuilles réapparaît après une aventure rocambolesque. À quatre années de mes cinquante ans, ces pages peuvent-elles passer pour une œuvre de jeunesse ? Comme on dit péché de jeunesse… Possible.

Précisons d'abord : que nomme-t-on œuvre de jeunesse ? Un texte qui contient le meilleur et le pire de soi. Commençons par le pire : un style qui caricature celui d'aujourd'hui. À savoir ? Une écriture qui passe les bornes, ignore les limites et franchit allégrement la ligne jaune des convenances. Je sais évoluer au bord de la falaise, pas bien loin du précipice : aimer le style et l'écriture suppose le risque d'en faire trop. Trop de mots, d'images, d'effets littéraires, trop de lyrisme… Mais, bon. Je compose avec, car le défaut inverse me déplairait plus encore : un style pâle, blanc, sec, froid, net, glacial, une écriture visant la transparence et prenant pour modèle le désormais fameux *Code civil* stendhalien…

Les pages qui suivent chargent parfois la barque sous la ligne de flottaison ! Emphases redondantes, dissonances stylistiques, abus d'antépositions, en même temps tolérance des verbes faibles – être, avoir, dire, écrire, faire – et passe-partout, des verbes imprécis donc, des facilités conjonctives – cacophonie de qui, que, quand… – et, déjà, ritournelles des groupes ternaires… L'erreur consiste à signer un texte caricaturalement nietzschéen sur Nietzsche. Fallait-il corriger, et jusqu'où ? Réponse plus loin…

Le meilleur maintenant : le fond. Je ne retranche rien au contenu. Et je découvre, en reprenant le tout, que nombre de citations – j'usais encore de ce procédé canonique des Universités… – sont devenues des exergues de livres publiés par la suite. Chacune de mes publications s'ouvre en effet par une phrase de Nietzsche dont le livre propose un commentaire libre. On peut être nietzschéen de cette manière : en s'appuyant, comme avec un tremplin, sur telle ou telle idée pour effectuer une volte personnelle. Voilà comment je tâche d'être et de rester nietzschéen.

Je sais que Nietzsche n'est pas de gauche, ni hédoniste, libertaire, ou féministe. Moi qui tâche de m'inscrire dans ces filiations idéologiques, comment puis-je m'en sortir ? Justement, en me servant de l'œuvre complète – textes publiés, manuscrits inédits, fragments colligés, correspondance et surtout biographie – comme d'un chantier pour un projet philosophique singulier et subjectif.

La gauche dont je me réclame – gauche libertaire – apprend de la critique du socialisme marxiste – celui de Nietzsche quand il écrit *socialisme* –, mais aussi de sa généalogie. Je ne méprise pas les adversaires si leurs critiques me permettent une meilleure connaissance de moi-même. Nietzsche est l'un des rares philosophes qui permet le compagnonnage et l'édification existentielle.

2

**Un art de la guerre.** – Ce livre procède d'un combat. Il propose la réparation d'un philosophe abîmé par la haine, la méchanceté, la mauvaise foi, la lecture superficielle, la glose monomaniaque, le refus d'une lecture qui n'oublie pas l'homme chez le philosophe. Dans les temps qui précédaient l'écriture de ce texte, j'avais des discussions avec Jean-Paul Enthoven, mon directeur littéraire chez Grasset, sur mon rapport à Nietzsche – qu'il ne comprenait pas, viscéralement. Un jour il me demanda : « Mais comment peut-on être nietzschéen ? »

La phrase s'entendait dans un double sens : « Bon sang ! Mais comment donc peut-on encore se réclamer d'un pareil personnage, philosophe détestable, haïssable et insupportable ? » Ou bien : « Ah, tiens ! Mais comment donc, en cette fin de XX$^e$ siècle, lire, vivre et penser ce philosophe ? » D'une part la réprobation, d'autre part, la curiosité. Or les deux registres ne me semblaient pas complètement hermétiques.

Je répondis que l'époque philosophique n'était pas à Nietzsche et que je voyais bien plutôt comment tels ou tels auraient pu expliquer pour quelles raisons ils n'étaient pas nietzschéens ! Mon texte fut écarté, pour d'assez bonnes raisons – un livre de plus sur Nietzsche, un texte qui ne m'avançait pas vraiment dans mon travail – et quelque temps plus tard parut dans la maison un ouvrage qui permettait à Luc Ferry, André Comte-Sponville, Alain Renaut et quelques autres d'affirmer : *Pourquoi nous ne sommes pas nietzschéens*... Codicille au manifeste lancé trois ans plus tôt contre la Pensée 68...

Pourquoi étais-je nietzschéen ? Comment l'étais-je ? Lecture d'adolescence, amour de jeunesse, passion fulgurante. Je suis resté fidèle. Trente ans plus tard, je souris en découvrant les traits de crayon dans les pages de mes éditions de poche... Le grand dégingandé de quinze ans, vaguement acnéique, arborant une longue écharpe rose, courant les filles qui pensaient d'abord à leur bac, goûtait le Nietzsche qui invite à prendre son fouet si l'on va voir les femmes !

La première vraiment complice me fit sans s'en douter comprendre pourquoi et comment le misogyne hait les femmes tout bêtement parce qu'elles lui résistent ou qu'il ne sait pas leur parler. Je trouvais devant ce mécanisme offert à mon regard raison non point de haïr Nietzsche mais d'éprouver une compassion, une compréhension. De cette époque date ma conviction – superbement théorisée par Nietzsche… – qu'un philosophe ne se comprend réellement qu'en regard de son aventure biographique. Nietzsche plus qu'un autre.

J'aimais aussi, bien sûr, l'école d'énergie, la célébration de la force, le culte de la vigueur, la grande santé, le débordement vital : le consentement à la vie jaillissant partout sous la plume du penseur. Mais aussi cette écriture qui tourne le dos aux manies de l'idéalisme allemand – donc de la corporation philosophante en général… – et suppose la possibilité d'une profondeur théorique avec les armes de l'écriture du romancier, voire du poète. *Ainsi parlait Zarathoustra* excelle en double chef-d'œuvre de prose poétique et philosophique !

Enfin, bien évidemment, l'antichristianisme radical et sans concession me ravissait. Les philosophes polythéistes, théistes, déistes, panthéistes, fidéistes que je rencontrais dans mes lectures tournaient autour du pot. Pas Nietzsche qui assume le geste déicide en philosophie. Mort de Dieu, gifles à saint Paul, imprécations contre l'*araignée à croix*, anathèmes à destination des *contempteurs du corps* et des *prêtres de l'idéal ascétique*, célébration de Dionysos, le grand vivant, et de tout ce qui donne goût à la vie : théâtre, musique, écriture, lecture, voyages et usages joyeux du corps.

Pas étonnant, dès lors, que sous l'étendard antinietzschéen se trouvent depuis toujours les défenseurs de ces idéologies conchiées par l'auteur de *L'Antéchrist*. Dans la course au leadership philosophique des années 1980, une poignée voulait faire la peau aux grands anciens afin de prendre leur place. Banales logiques œdipiennes... Je compris un peu plus tard pourquoi cette *Sagesse tragique* devait rester dans les tiroirs pour laisser le champ libre à un *Pourquoi nous ne sommes pas nietzschéens*...

Chrétiens honteux, kantiens avérés, spinozistes mélancoliques, polygraphes soucieux de ne pas manquer le train de l'histoire en avaient donc après Michel Foucault fraîchement disparu, Gilles Deleuze, toujours actif, auteur dans ces temps-là d'un essai sur Leibniz et le baroque intitulé *Le Pli*. Mais ils ferraillaient également contre Bourdieu et Derrida, certes pas nietzschéens, mais incontestablement juchés sur les marches du podium intellectuel français.

3

**Les aventures du manuscrit disparu.** – Le manuscrit de ce livre connut une étrange fortune : perdu une fois par un éditeur ; égaré une autre par un second ; retenu par Sollers qui voulut le publier un jour de conversation, sans l'avoir lu ; découvert par Jean-Claude Fasquelle, alors patron de Grasset, le jour où je l'informais d'un projet d'édition ailleurs ; désiré à nouveau par Grasset une fois devenue menaçante l'ombre de Gallimard ; introuvable dans l'une et l'autre maison ;

finalement entre les mains d'un mercenaire des lettres taxant les artistes en mal de reconnaissance sociale à coup d'improbables articles dans une revue d'art contemporain. Cet aigrefin effectua mille pirouettes pour éviter de me le rendre, allant jusqu'à changer de numéro de téléphone, ne pas venir à des rendez-vous, mentir évidemment un nombre considérable de fois, finir par dire qu'il ne l'avait jamais eu, et en garder un exemplaire depuis dans la cave d'amis où ses acolytes doivent tenir à l'écart de la justice quelques-unes des preuves de ses autres forfaits...

J'ai retrouvé le texte *in fine* chez un ami éditeur – merci Jean-Yves Clément – à qui, quinze ans plus tôt, j'en avais confié une copie. J'avais oublié la chose. Au téléphone, alors qu'il m'invitait à une conférence au festival de Nohant dont il s'occupe, me vint à l'esprit que, peut-être, cette arlésienne lui dirait quelque chose. Dans la foulée de la conversation, il m'affirme ne pas l'avoir – puis me rappelle dans l'heure pour m'annoncer l'avoir retrouvée. À quoi il ajoute me l'avoir sur-le-champ mise dans une enveloppe... Je crus que la Poste ferait un sort à ce texte comme à pas mal de courriers jamais parvenus à leur destination. J'eus tort et recevais le manuscrit le lendemain. Je découvris, après avoir fantasmé plusieurs années sur ce texte disparu, qu'il contenait bien ses excès, ses défauts, mais aussi fort heureusement les preuves de fidélité à ce que je fus.

Il fallut cependant relire. Et dans le détail. Or je n'ai jamais relu aucun de mes livres. En m'y contraignant, j'ai donc expérimenté le déplaisir de se lire en tiers pour traquer prioritairement les imperfections. Je les ai déjà pointées un peu plus haut. Que faire ? Corriger de fond en comble ? Autant dire tout réécrire. Ou supprimer le plus indéfendable ? Nettoyer, rafraîchir, comme disent les coiffeurs, la nuque du philosophe, ou lui raser la tête et procéder à une implantation nouvelle ? J'ai pris le parti d'une restauration sur le mode des antiquaires : respecter le vieil objet, mais réparer les outrages du temps…

Dans cette formule, le doigté s'impose. Modifier ceci, resserrer cela, supprimer une ligne, ajouter un mot, biffer un adjectif en trop, faire sauter une redondance de mots ou d'idées. Mais, à la manière du bateau de Thésée dont la totalité des planches remplacées finit par constituer une embarcation nouvelle, on risque de se retrouver avec un autre livre… Je tenais à conserver l'esquif avec ses vermoulures, ses fragilités, ses fissures, ses imperfections. Non pas au nom du fétichisme de l'œuvre de jeunesse, mais par volonté de conserver à l'objet son caractère brut, frustre et mal dégrossi.

4

**Mon Nietzsche.** – On ne trouvera pas dans ce texte de glose universitaire, ni même d'occasions pour un exercice de style parasitaire comme d'aucuns, s'emparant du philosophe, se juchent sur sa réputation puis effectuent leur numéro de jongleur – ou de clown... – au mépris de l'œuvre, de la vie, de l'homme et du philosophe. Tant qu'à écrire sur Nietzsche, on le sert, on ne s'en sert pas.

Comment le servir ? En donnant de lui une image cohérente, en récusant les habituelles saillies de commentateurs en chambre affirmant : que sous sa plume on trouve tout et le contraire de tout, qu'il existe dans l'œuvre complète une citation à même de justifier une position et sa négation, qu'il a multiplié les contradictions, que sa pensée récuse et réfute le système, ce qui, pourtant, n'empêche pas une architectonique équilibrée. Je souhaitais donner une idée de la beauté de l'édifice poétique et philosophique dans sa totalité.

Je n'ai pas proposé un Nietzsche hédoniste, gauchiste, libertaire – on peut facilement l'obtenir avec des citations prélevées, sorties de leur contexte livresque, extraites de la totalité cohérente de l'*œuvre-vie* – selon l'excellent concept d'Alain Borer forgé pour Rimbaud –, et mises en relations dans un patchwork qui permit à d'habiles faiseurs et faussaires – je songe à un jésuite coutumier du fait... – de transformer Nietzsche peu ou prou en chrétien qui s'ignore ou autre sottise à l'avenant !

Je propose ici un portrait – une esquisse pour un portrait. Quelques traits de crayon pour signifier une énergie, tâcher de donner un aperçu d'une Figure qui m'accompagne depuis l'âge de mes quinze ans. À l'évidence, ce tableau évite de représenter Nietzsche habillé en abruti de la Waffen SS, antisémite, dévot d'un culte de la force armée, de la brutalité guerrière, ou même travesti en penseur avant l'heure de la solution finale. Parmi la cohorte des vertueux qui ne sont pas nietzschéens, ces arguments qui volent bas se retrouvent à longueur de page. Nietzsche en auxiliaire du national-socialisme, voilà leur thèse ; mais, fort étrangement, c'est aussi celle d'Adolf Hitler... On devrait se méfier de partager avec ce personnage connu pour n'être pas plus philosophe que ça des opinions aussi courtes et fautives.

Ce portrait aurait moins mérité le clinquant d'un Gustav Klimt que la touche picturale d'Arnold Schönberg. Je n'avais pas encore trop la maîtrise du pinceau... Après relecture, mon Nietzsche-1988 me semble viennois – à la manière d'un Mahler et d'un Kraus, d'un Weininger ou d'un Kokoschka, d'un Freud ou d'un Alfred Kubin. Trop peu italien, pas assez napolitain ou vénitien, Cimarosa ou Vivaldi, Cellini, Carpaccio... J'étais encore viennois – les restes des ombres portées par mon adolescence dissipées grâce aux années d'écriture qui suivirent.

Je défends ici un Nietzsche poète, un penseur qui tient la juste et bonne distance entre les idées et les métaphores, les concepts et les images, un tenant de l'imprécation en lieu et place du raisonnement minutieux, un fleuve, un volcan, un orage qui pense et écrit. La plupart des malentendus résident dans cette double appartenance : le philosophe professionnel ne se marre pas, il serre les mandibules et ne se laisse pas aller à la littérature. Dès lors, il passe à côté de la puissance lyrique de la pensée. Tant pis pour lui, qui ne jouit pas ; mais dommage surtout pour ses lecteurs qui ne jubilent pas non plus.

## Décrue socialiste, crue chrétienne...

Mon Nietzsche est fragile, il aime les femmes, mais ne sait pas leur dire, donc se protège puis s'expose dans la misogynie ; il pratique la douceur, la politesse, la discrétion dans sa vie – sur le papier il lâche les chevaux, fait tonner le canon, parler la poudre et monte au front philosophique sabre au clair ; dans les pensions de famille, attentionné aux vieilles dames fragiles, prévenant, il se repose de ses épopées intellectuelles où le sang coule, où la guerre règne, certes, mais comme dans « l'Enfer » de Dante. N'oublions jamais que ce grand philosophe écrit comme un grand poète. Or cette double qualité égare quiconque se trouve privé de l'une de ces deux compétences.

S'il n'est pas hédoniste – je connais bien évidemment les textes où il associe cette option philosophique à la décadence et au nihilisme –, du moins reprend-il à son compte la tradition de ses chers Grecs, tous eudémonistes : aucun en effet n'évite la question du souverain bien. Nietzsche non plus. Comment vivre pour être... disons heureux ? Ou bien : le moins malheureux possible – autre façon de définir l'hédonisme...

Réponse : connaître la nature du monde ; savoir qu'il n'existe que volonté de puissance ; que la liberté, le libre arbitre sont des fictions ; que nous obéissons et subissons la loi du déterminisme ; mais que nous pouvons aussi consentir à la nécessité ; que nous pouvons même l'aimer ; et que de cette volonté de jouissance naît un contentement, une jubilation, une joie. Tirer toutes ces puissances d'être exacerbées vers l'hédonisme ne serait pas bien compliqué...

5

**Derrière le mur de Berlin.** – À la relecture, je me suis arrêté plus particulièrement sur cette phrase que j'écrivis alors : « […] La légère décrue du christianisme s'accompagne d'une crue du socialisme. » Dans le contexte, je tâche de montrer qu'au XIXe siècle, habituellement présenté comme celui de la Mort de Dieu, la perte d'influence du christianisme s'accompagne de son recyclage dans le socialisme – entendu chez Nietzsche comme socialisme marxiste. Plus la Bible faiblit, plus *Le Capital* forcit…

Je tenais la fin des années 1980 pour un temps que Deleuze appelait dans son *Périclès et Verdi* « athéisme tranquille ». Lisons ses précisons : « Par athéisme tranquille, nous entendons une philosophie pour qui Dieu n'est pas un problème, l'inexistence ou même la mort de Dieu ne sont pas des problèmes, mais au contraire des conditions qu'il faut considérer comme acquises pour faire surgir les vrais problèmes. » À l'époque, il avait raison. Mais aujourd'hui ?

Quand j'écrivais ce Nietzsche, le bloc de l'Est existait encore. Le mur de Berlin également, les Tours jumelles de New York aussi : or ces deux chutes ontologiques modifient la donne. Le siècle n'est plus le même. L'athéisme ne peut plus se permettre le luxe d'être tranquille. Avant 1989, mais surtout avant 2001, je n'aurais jamais eu l'idée d'écrire un *Traité d'athéo-*

*logie*. À l'heure où nous devrions choisir entre le judéo-christianisme d'un Occident arrogant mais fatigué et l'islam d'un Orient belliqueux en pleine forme, j'opte pour un athéisme de combat qui, pour le coup, devient un athéisme intranquille.

Dans cette guerre nouvelle, Nietzsche peut jouer à nouveau un rôle. Si dans les années 1980 il représente un enjeu stratégique pour la poignée de jeunes philosophes aux dents longues qui aspirent à la crucifixion des vieux maîtres encombrants, le philosophe au marteau peut bien reprendre aujourd'hui du service et repartir en première ligne contre les Nouveaux Croyants qui gigotent dans un spectre allant du plus modeste des bergers illettrés dans son désert aux spéculations fumeuses de philosophes contemporains retrouvant le chemin de la religion.

6

**Les Nouveaux Croyants.** – Ce retour des *araignées à croix* obéit au même principe hydraulique en vertu duquel j'écrivis que jadis la décrue du christianisme allait de pair avec la crue du socialisme. Le mur de Berlin en gravats, les Tours jumelles de New York en décombres, le socialisme dévoyé par le totalitarisme mais aussi par sa version libérale, obligent à écrire l'inverse – qui dit pourtant la même chose : la décrue du socialisme entraîne la crue des monothéismes. Nous y sommes. Derrière feu le mur de Berlin, on construit aujourd'hui des églises ; dans toutes les villes d'Europe, on ouvre des mosquées... Fin de l'athéisme tranquille.

Laissons de côté les croyants qui se tournent vers le Ciel et ses fictions, sacrifient aux mythes et aux fables parce que les hommes aux commandes politiques dans ce XX$^e$ siècle – de Staline à Mitterrand – les ont trahis, leur ont menti, les ont floués. J'ai de la compassion pour les humbles déboussolés. En revanche, pour les cyniques vendeurs d'agenouillements, je ressens un profond mépris. Qu'un peuple musulman trouve secours en Allah parce que l'Occident l'a colonisé, humilié, bafoué, exploité, exterminé, maintenu dans la sujétion et la pauvreté, voilà rien que de très normal. Je comprends le recours à Dieu par des hommes traités en sous-hommes – même si je me bats pour qu'on leur propose une vraie solution politique, la seule à même de les détourner de la pensée magique.

Je suis plutôt étonné d'assister à ce même mouvement dans le petit monde philosophique européen : décrue du politique, crue du religieux. Je ne parle pas de ceux qui, bien que philosophes, évoluent depuis toujours dans les eaux plus ou moins profondes du monothéisme juif (de Levinas à Derrida en passant par Bernard-Henri Lévy, Alain Finkielkraut ou Benny Lévy) ou chrétien (de Paul Ricœur à René Girard via Jean-Luc Marion ou Paul Virilio). À preuve cette phrase sidérante que Jacques Derrida fait lire sur sa tombe le jour de son enterrement : « Je vous aime et je vous souris, où que je sois. »

Je parle bien de convertis – disons-le dans ce terme. Ainsi Giovanni Vattimo, connu pour sa «pensée débile», passé avec armes et bagages du côté d'un «christianisme non religieux», voir *Espérer croire* et autres ouvrages depuis; ou bien, Michel Henry, auteur d'une somme en deux forts volumes sur Marx en 1976, qui finit sa carrière de philosophe avec *C'est moi la vérité* sous-titré *Pour une philosophie du christianisme* mais aussi *Incarnation. Une philosophie de la chair*; ou encore, Bernard Sichère, jadis mon professeur à l'université de Caen, que j'ai connu maoïste vitupérant la psychanalyse, alors science bourgeoise, avant, l'année suivante, devenu lacanien, de mettre la même ardeur militante à psychanalyser les marxistes-léninistes puis, via des détours alternatifs chez B.-H. L. ou Sollers (qui baisa la mule papale, du moins se mit à genoux, pour offrir l'un de ses livres à Jean-Paul II), de finir (pour l'instant) blotti dans les bras du catholicisme et d'asperger Paul de Tarse et ses complices d'eau lustrale heideggérienne – voir *Le jour est proche: la révolution selon Paul* et... *Catholique*, le dernier-né de la crèche post-lacanienne.

Ajoutons à cela les compagnons de route de certains philosophes avec la religion catholique. Je pense à «l'humanisme transcendantal» de Luc Ferry, agnostique, certes, mais pas hostile et plutôt bienveillant – voir *L'Homme Dieu*, à l'endroit de l'église catholique; à «l'athéisme fidèle» d'un André Comte-Sponville qui ne croit pas en Dieu mais défend la morale chrétienne – l'explication de cette option philosophique se trouve dans *A-t-on encore besoin d'une religion ?* ; ou à Michel Serres, entendu récemment sur les ondes de France Musique lisant un texte saint-sulpicien de son cru qui recycle les fables chrétiennes afin de faire passer en concert public la pilule des *Sept dernières paroles du Christ* de Joseph Haydn…

Mention spéciale, tout de même, pour l'oint de Jacques Derrida, gardien autoproclamé du temple déconstructiviste, ancien étudiant en théologie encore embrumé par la maison mère, philosophe emblématique de la scolastique postmoderne, mais aussi témoin de la collusion d'une certaine lecture française de la phénoménologie allemande (Heidegger en tête) à des fins de relookage des vieux habits catholiques – j'ai nommé Jean-Luc Nancy, auteur de cette phrase d'anthologie : « Le monothéisme est en vérité l'athéisme. » Page 55 de *La Déclosion. Déconstruction du christianisme, 1*, pour les sceptiques désireux de vérifier. On comprend comment cet homme se disant sans Dieu, désireux de la fin des religions, vole en même temps au secours du divin… Le christianisme n'a pas trop à craindre de cette déconstruction-là !

Laissons de côté Marcel Gauchet entr'aperçu un jour de pitonnage – comme disent les Québécois – sur la chaîne KTO, mis comme un sou neuf, raide comme un enfant de chœur devant le lutrin de Notre-dame de Paris où il faisait le philosophe pour des catholiques appliqués et parlait de religion catholique d'une façon telle que Monseigneur Lustiger ne dût pas y trouver à redire. Ou Régis Debray, écrivant abondamment en agnostique sur la religion, certes, mais faisant baptiser sa fille et confiant publiquement lire le journal *La Croix* au quotidien...

Cerné de la sorte, peut-on encore vivre l'athéisme tranquille cher à Gilles Deleuze ? Je crains que non... Je n'aurai pas la cruauté de signaler que nombre de ces Nouveaux Croyants constituent pour une grande majorité des adeptes – plus ou moins convertis là encore... – du libéralisme politique. Décrue du socialisme, certes, crue de la religion, bien sûr, mais également montée des eaux libérales. L'ensemble se tient. La fin du socialisme – rouge sang totalitaire, rose bonbon social-démocrate – comme occasion de téléologie déplace le désir de messianisme sur le terrain religieux.

Pour ce combat d'après mur de Berlin sur les décombres des Tours new-yorkaises, Nietzsche doit reprendre du service. Ces pages y invitent : allez voir directement l'œuvre et négligez la mauvaise réputation du philosophe pour le lire entièrement, ou le relire. Utile pour déconstruire la religion chrétienne et la morale associée, Nietzsche reste également disponible pour de Nouvelles Lumières postchrétiennes. Vieux Pieux, Inquisiteurs Obscurantistes et Nouveaux Croyants contre Nouvelles Lumières, la vieille histoire continue... Tant mieux !

Michel ONFRAY,
octobre 2005.

# INTRODUCTION

# Usages d'un intempestif

Nietzsche n'est pas à la mode. Moins d'un siècle après la mort du philosophe allemand, on n'a toujours pas examiné en quoi il était révolutionnaire. Entre lui et nous s'intercalent plusieurs types de parasites : une sœur, deux guerres, les idéologies et une série impressionnante de lectures de mauvaise foi, agressives et mal intentionnées. Tout ceci contribue à produire du philosophe une image fausse, floue, qui n'en demeure pas moins celle qu'on utilise encore aujourd'hui à tour de bras.

La pensée contemporaine la plus visible n'a de cesse de flétrir l'œuvre nietzschéenne à l'aide de vieilles techniques sans cesse réactualisées : amalgames, citations isolées de leur contexte ou tronquées, oublis intéressés, volonté délibérée de mésinterpréter certains concepts majeurs – volonté de puissance, cruauté, judéité, esclavage ou plèbe – et évidente mauvaise foi à appréhender le seul penseur réellement athée de notre modernité postchrétienne.

Les ennuis commencent avec sa sœur, peu avant la folie qui devait le tuer une première fois. Dans ses souvenirs, Élisabeth Förster-Nietzsche raconte une anecdote emblématique. Au cours d'une promenade, un soir d'été 1879, Nietzsche lui confie son désir le plus cher concernant son inhumation. « Nous avions fait halte, écrit-elle, sur un haut plateau aride et sec, encadré de sapins noirs, qui se détachaient nettement sur le bleu froid du ciel. Une foule d'oiseaux de proie semblaient s'être donné rendez-vous sur ces grands arbres ; ils allaient et venaient à tire d'aile en poussant des cris rauques et stridents, puis le silence et la solitude sinistre et muette de ces lieux se répandirent alentour et la fraîche brise du soir nous faisait frissonner. Nous nous sentions envahis par un sentiment d'abandon sans bornes, loin de tout vivant, dans ce lieu funèbre que les rapaces eux-mêmes fuyaient avec des cris moqueurs. "Lisbeth, me dit mon frère d'un ton solennel, promets-moi que si je meurs il n'y aura autour de mon cercueil que des amis, pas de curieux, et si je ne peux plus m'en défendre, ne permets pas qu'un prêtre ni personne d'autre vienne débiter des sornettes sur mon corps. Qu'on m'enterre sans mensonge, en honnête païen que je suis[1]." » Las ! Après onze années de prostration consécutive à une folie procédant d'une syphilis au stade tertiaire, Nietzsche rend son dernier soupir le

---

**1.** *Nietzsche devant ses contemporains*, textes recueillis par G. Bianquis, Éd. du Rocher, 1959, p. 95.

25 août 1900, peu avant midi, sous un ciel d'orage zébré d'éclairs...

En bonne traîtresse, cette sœur oublie les promesses concernant les dernières volontés : sonneries de cloches, cimetière chrétien, allocutions des officiels et personnalités, absence des amis authentiques, première trahison. La petite bourgeoisie locale et les philistins s'adonnent aux joies des bords de tombe qui sont parmi leurs préférées : hypocrisie, sollicitude tardive, éloge du disparu, de sa grandeur et de son génie. Pour ajouter à l'insolence, le service funèbre eut lieu dans la stricte observance du rite de la religion réformée avec prestation de la chorale paroissiale – bien qu'un effort fût fait pour chanter Brahms et Palestrina, deux compositeurs aimés du philosophe. Ultime prévenance d'une sœur décidément bien malfaisante : une croix d'argent massif scellée sur le couvercle du cercueil en chêne.

Après avoir condamné la chair de son frère à se défaire sous l'ombre du crucifix, Élisabeth s'en prend aux œuvres, papiers et notes. Le pire était au rendez-vous. Avec force colle et ciseaux, elle fabrique *La Volonté de puissance*, un texte certes pensé et voulu par son frère, mais resté à l'état d'ébauche. En utilisant des fragments de toutes époques, en privilégiant un projet de plan parmi plusieurs, en sortant de leur contexte des citations ou des références, Élisabeth Förster-Nietzsche fait de Friedrich un penseur récupérable par les camps les plus opposés aux siens : antisémites, pangermanistes, nationalistes et nazis. Ainsi furent confondues les phrases que le philosophe destinait au judéo-christianisme entendu comme religion monothéiste obsédée par le renoncement et celles que les antisémites décochaient aux Juifs d'alors.

Plus perfide, la sœur mariée à un antisémite notoire survécut assez à son frère pour fréquenter Hitler dans ses heures les plus fastes. Flagornerie et sottise cubique, elle fit du chancelier un mélange de *Surhomme* et de *Nouveau Philosophe* puis ne recula pas devant l'injure d'une identification du petit caporal antisémite et belliqueux à Zarathoustra…

Pour sceller cette amitié entre fourbes, elle offrit au nouveau maître du Reich allemand la canne à pommeau du philosophe. Hitler, à son tour, visita à plusieurs reprises la sœur indigne, subventionna le Nietzsche-Archiv, fit présent des œuvres du philosophe à Mussolini, organisa des funérailles de dignitaire à Élisabeth enfin morte. Le même Hitler, plus affamé de sang que de savoir, fit à plusieurs reprises référence à un Nietzsche pour mauvais débutants – le tour était joué. Le philosophe fut transformé, et pour longtemps, en précurseur du régime nazi, en penseur officiel du nouvel Empire.

Par-delà la tombe, et comme en écho malgré le silence des morts, Nietzsche écrivit dans *Ecce homo* : « J'avoue que mon objection la plus profonde contre le retour éternel, ma pensée proprement abyssale, c'est toujours ma mère et ma sœur […]. C'est avec ses parents, concluait-il, qu'on a le moins de parenté : ce serait le pire signe de bassesse que de vouloir se sentir apparenté à ses parents[1]. »

Les premiers carnassiers qui marchent sur les brisées de la sœur sont les belliqueux d'outre-Rhin – côté français ! Patriotes, revanchards et piètres lecteurs, ils font de Nietzsche le philosophe de la Première Guerre mondiale : les épithètes ne manquent pas, du *surboche* au *syphilitique transcendantal*, de l'auxiliaire des Hulans jusqu'au *boche des alpages*... Faut-il préciser que les soldats des deux camps avaient dans leurs musettes plutôt de l'eau-de-vie et du schnaps que *Zarathoustra*, que les gouvernants étaient vraisemblablement plus préoccupés du rendement des aciéries et des usines de guerre que de transmutation des valeurs et de gai savoir ? Vieille illusion d'intellectuels que d'imaginer le monde se renseignant dans les livres avant de générer ses apocalypses, ses horreurs et ses hécatombes !

Quiconque aurait d'ailleurs lu Nietzsche avec les yeux qui s'imposent se serait immédiatement aperçu que son champ de bataille est exclusivement intellectuel, culturel, que le philosophe lui-même répugne à la guerre des militaires *stricto sensu*, qu'il a payé de son corps et de sa santé lors de la guerre de 1870, et qu'il a usé dans ses livres de la guerre comme d'une pure et simple métaphore. Il n'a cessé de dire – relire la première des *Considérations inactuelles* – l'immense bêtise des guerres

---

[1]. Nietzsche, *Ecce homo*, trad. Vialatte, « Idées » Gallimard, 1942, p. 22.

pourvoyeuses de barbarie et la nécessité bien plutôt de consolider l'intelligence toujours défaillante.

Mais la guerre rend stupide, elle magnifie la sottise. La Deuxième Guerre mondiale devait déchaîner le même type de passions : le nazi fut vite identifié au surhomme, Zarathoustra apparaissant sous l'uniforme du tankiste, du fantassin ou du pilote de Stuka... *Par-delà le bien et le mal* fournissait – du moins le disait-on ! – les règlements intérieurs des camps de concentration (voire aujourd'hui les divagations d'un André Glucksmann[1]). Peut-être même pouvait-on trouver en annexe au *Zarathoustra* les plans de chambres à gaz ! Nietzsche inculpé, Krupp ou Renault, Hitler et Daladier peuvent reposer en paix. Le bouc émissaire est trouvé. Côté Reich, Élisabeth – la sœur à « l'incommensurable bassesse des instincts[2] » selon *Ecce homo* – jubilait.

Nietzsche aurait ri de ce nain devenu chef, il aurait fustigé ces foules hurlantes, ces masses délirantes, cette religion nouvelle et ses cultes grégaires – l'État, la Famille, la Patrie, la Nation, la Race, le Sang – toutes logiques qu'il n'a cessé de combattre. C'était cela le sens de sa guerre – lui, le plus opposé aux castes politiques et aux racistes !

Bien qu'étant la chose du monde la mieux partagée, l'imbécillité n'eut pas que des adorateurs. Déjà entre 1914 et 1918, Remy de Gourmont prend la plume

---

**1.** Il faut lire à ce sujet André Glucksmann, *Les Maîtres penseurs*, « Conclusion », Grasset, 1986. **2.** *Ecce homo*, p. 21.

pour dire toute la grandeur de Nietzsche et le dédouaner de toutes collusions avec les belliqueux. Pour la Deuxième Guerre mondiale, des hommes discrets – M. P. Nicolas – et d'autres, plus connus – Georges Bataille – écrivirent très tôt ce qu'il faut penser de ce stupide et dommageable amalgame[1].

Sorti de deux cataclysmes européens, Nietzsche dut encore traverser quelques déserts – notamment ceux de la critique et de l'exégèse. Des chrétiens se l'approprièrent : selon un jésuite, puis un fils de pasteur, Nietzsche aurait sans le savoir (!) souhaité un surchristianisme dont la critique radicale aurait bien concentré ses flèches sur le Christ, certes, mais au nom du Christ[2].

Associés à ces récupérateurs sans scrupules – et guère plus doués pour la lecture –, les marxistes firent aussi des merveilles : penseur du capitalisme, de la bourgeoisie décadente et des propriétaires fonciers, défenseur de l'idéologie réactionnaire, support théorique des finan-

---

**1.** Voir à ce sujet l'ouvrage de M. P. Nicolas, *De Nietzsche à Hitler* (Fasquelle, 1936), dans lequel l'auteur fait justice à Nietzsche de toute accusation en examinant les textes, en les opposant à ceux de Hitler, et en concluant à l'impossibilité d'une parenté. Les travaux de Georges Bataille sont concentrés dans sa *Réparation à Nietzsche*, numéro d'*Acéphale*, et dans quelques articles repris dans les volumes XI et XII de l'œuvre complète parue chez Gallimard. Voir également dans la *Somme athéologique* le texte intitulé « Sur Nietzsche », in *Œuvres complètes*, t. VI.   **2.** Voir les ouvrages de P. P. Valadier, *Nietzsche l'athée de rigueur*, Desclée de Brouwer, 1975 ; de Jean Granier, *Nietzsche*, PUF, « Que sais-je ? », 1982 ; d'Éric Blondel, *Nietzsche, le cinquième Évangile ?*, Les bergers et les mages, 1980.

ciers ou des hommes du commun terrorisés par la montée du socialisme, Nietzsche est pilonné par quelques invectives et deux ou trois mots d'ordre simplistes[1].

Enfin, couronnement des sectateurs, quelques psychanalystes et psychiatres ont rabaissé l'entreprise philosophique à quelques traits sommaires interprétés en signes cliniques. Parfois, pour leur donner une caution positive, des médecins se sont mis à exhiber le dossier médical afin de discréditer Nietzsche et sa pensée au nom du tréponème.

Tous ces usages pervers se poursuivent jusqu'aux contemporains qui, en ce sens, sont de fidèles réactionnaires, de vieux conservateurs masqués sous les oripeaux d'une modernité de façade. Taisons les identités… La corporation philosophante n'aime pas vraiment Nietzsche : peu soucieuse d'originalité, elle préfère Jésus, Bouddha ou Kant, les trois formulations d'un même idéal de pauvreté et de mépris du corps.

Les moralistes d'aujourd'hui ne cessent de réactualiser les thèses chrétiennes. Pour eux, Dieu n'est pas mort. Il n'est pas jusqu'à certains qui affichent – et c'est de bon ton – une conversion tardive, histoire de changer de secte. Sous couvert de *convivance*, de *visage* et de *Loi du Père*, de *Je-ne-sais-quoi* et de *sagesse de l'amour*, ils se parent des vieux habits du prêtre et se fâchent si l'on révèle la nature caduque de leur prône. Les plus distants se font bouddhistes, amateurs de béatitude et de déses-

---

**1.** Voir G. Lukács, *La Destruction de la raison* (L'Arche, 1958), les travaux de Lucien Goldman, Odouev, Marc Sautet.

poir, de tentation d'exister et d'ataraxie orientale, ils reprennent à leur compte les présupposés du christianisme.

Sur l'essentiel, tous ces anti-nietzschéens sont des amis du refoulement. Moins théologiens ou mystiques contrariés, les plus modernes se font kantiens et souhaitent un retour aux paradoxes des postulats de la raison pratique. Semblables aux enfants coupables d'avoir brisé un vase précieux, ils se confondent en excuses et n'ont de cesse de recoller les morceaux épars – théorie du sujet, religion du droit, dévotions à la démocratie tocquevillienne, salut par la moralité, nouvelle métaphysique des mœurs, austérité de la chair.

Une sœur, deux guerres, les idéologies, le réductionnisme chrétien ou marxiste, la réaction moraliste contemporaine, voilà beaucoup pour un seul homme. Voyons là des dénis significatifs : la lucidité n'est pas le fort des hommes, ils préfèrent une douce illusion, de réconfortantes erreurs et de suaves hypocrisies à la vérité crue, froide, sinon glaciale. Nietzsche terrorise, pétrifie car il ose l'évidence. Là est la cruauté qu'il n'a cessé d'appeler de ses vœux : la dureté du savoir, la douleur de la vérité.

Éditer à compte d'auteur, vendre son *Zarathoustra* à une quarantaine d'exemplaires de son vivant, se voir refuser le marché de l'édition classique, Nietzsche se savait fait pour les temps de grande puissance : ceux de la pensée exigeante. Il n'ignorait pas son inactualité – ce qui le rend d'ailleurs de tous les temps et de tous les lieux. Dans *Ecce homo*, au bord de l'abîme dans lequel il allait sombrer, il écrivait : « Avant même de parler de mes écrits, il convient ici de se demander s'ils sont ou ne sont pas compris. Je le ferai avec toute la désinvolture qui s'impose, car cette question est encore loin d'être à l'ordre du jour. Moi non plus je ne suis pas à l'ordre du jour : il en est qui naissent posthumes[1]. »

Il ne croyait pas si bien dire et très exactement un siècle plus tard – 1988 – sa phrase est toujours d'actualité. Pourtant, quelques éclaircies ont eu lieu pendant ces longues années : de Strindberg à Bataille, de Georg Brandès à Maurice Blanchot, de Michel Foucault ou Gilles Deleuze à Clément Rosset, de Freud même, ou de Pierre Klossowski. Aurores discrètes, mais efficaces. Elles assurent la permanence de Zarathoustra – permanence du feu et de la lumière.

Tous ces hommes ont dit la pertinence, l'actualité et la grandeur de la pensée de Nietzsche. Ils ont écrit comment il fallait lire, en familier, en habitué, un auteur qui recommandait qu'on eût, pour le lire, l'extrême qualité bovine : la *faculté de ruminer*. C'est la seule façon de pénétrer une pensée qui ne se laisse saisir qu'après une fréquentation charnelle et quotidienne. Il faut vivre avec Nietzsche, c'est d'ailleurs le sens de son œuvre.

Moins Maître de Vérité que Maître de Vie, il invite à la plus grande leçon : celle de la libération, de l'autonomie et du bonheur. À passer trop rapidement

---

1. *Ecce homo*, p. 61.

sur les phrases d'*Ainsi parlait Zarathoustra*, on a trop souvent oublié que Nietzsche avait écrit : « C'est le royaume de la terre que nous voulons. » À son lecteur, il avoue : « Foncièrement, je n'aime que la vie[1]. » Dans *Le Gai Savoir*, il définit également la quête du philosophe : tendre vers la terre, « jouir de la condition divine qui est de se suffire à soi-même[2] ».

Peu avant de quitter ce monde, Nietzsche avait écrit : « J'ai une peur panique qu'on aille un beau jour me canoniser… Ce n'est qu'à partir de moi qu'il est à nouveau des espérances[3]. » Il invitait aux deux leçons essentielles : la défiance à l'égard de tout ce qui opprime, entrave et ralentit l'expression vitale de la singularité et la nécessité de penser le monde à partir de la modernité par-delà vingt siècles d'illusions.

Pour ce faire, il a construit son œuvre sur une double perspective : l'une est négatrice, force de destruction et d'anéantissement ; l'autre positive, force de proposition et de construction. Le marteau et le gai savoir ; les orages négateurs et la grande santé. À la lumière de ces deux logiques, Nietzsche pose la seule question qui mérite de l'être : comment peut-on être nietzschéen ?

---

**1.** Nietzsche, *Ainsi parlait Zarathoustra*, « Le chant de danse et la fête de l'âne », II, « Le Mendiant volontaire », « Idées » Gallimard, 1972. **2.** Nietzsche, *Le Gai Savoir*, UGE, 10/18, 1973, § 300. **3.** *Ecce homo*, p. 61.

PREMIÈRE PARTIE

Les orages négateurs

# SEPT TOMBEAUX
# SUR L'OBSCURCISSEMENT DU MONDE

## *Pour une nouvelle cosmologie*

Avec le philosophe au marteau, l'Occident – pour ne pas dire la modernité – se trouve mis en pièce, sapé dans ses fondements. Vingt siècles, sinon plus, de mythes, d'erreurs, d'illusions sont éclairés par la lumière la plus nue. Une lumière de bloc opératoire où l'on dépècerait l'animal fourbu errant depuis plus de deux millénaires. À l'incinérateur de pareil atelier sont jetés les morceaux les plus sacrés d'une histoire fière de ses subterfuges. Mort du sacré, des idéaux, des principes architectoniques, mort des piliers des temples occidentaux : le Monde, Dieu et l'Homme.

Nietzsche opère la première Révolution copernicienne digne de ce nom dans la métaphysique occidentale. Rien avant lui ne s'apparente à une telle frénésie de lucidité. Rien, hormis quelques expériences isolées tout juste symptomatiques du besoin d'en finir avec le Vieux Monde. Il y eut bien quelques brûlots athées, quelques propos scientifiques déstabilisateurs, une ou deux figures de la subversion, mais rien n'égale en intensité une opération aussi soucieuse de profondeur que d'étendue.

Les conceptions pré-nietzschéennes du Monde sont anthropocentriques et idéologiques. Un soupçon de poésie anime les théoriciens du réel qui réservent les meilleures places à la Terre et aux Hommes dans l'économie de leurs systèmes. Usée, marquée par l'entropie, la planète humaine agit en gnomon de ceux qui pensent. Vieille terre maudite par les dieux, marquée par les affres de millénaires grossiers et brutaux, elle demeure l'axe autour duquel s'enroulent les méditations, les préoccupations et les projets.

De toutes ces bienveillances, Nietzsche n'a que faire. Il entend poser un regard sans complaisance sur le réel. Ni contempteur ni défenseur, il opère en anatomiste préoccupé de résultats objectifs. Depuis des millénaires, le monde a d'abord été rêvé, puis décrit à partir des images laissées dans l'esprit par les errances.

Froid et descriptif, Nietzsche écrit : « Savez-vous, à présent, ce qu'est le monde pour moi ? Voulez-vous que je vous le montre dans son miroir ? Ce monde : un monstre de force, sans commencement ni fin ; une somme fixe de force, dure comme l'airain, qui n'augmente ni ne diminue, qui ne s'use pas mais se transforme, dont la totalité est une grandeur invariable, une économie où il n'y a ni dépenses ni pertes, mais pas d'accroissement non plus ni de recettes ; enfermé dans le néant qui en est la limite, sans rien de flottant, sans gaspillage, sans rien d'infiniment étendu, mais incrusté comme une force définie dans un espace défini et non pas dans un espace qui contiendrait du vide ; une force partout présente, un et multiple comme un jeu de forces et d'ondes de force, s'accumulant sur un point si elles diminuent sur un autre ; une mer de forces en tempêtes et en flux perpétuel, éternellement en train de changer, éternellement en train de refluer, avec de gigantesques années au retour régulier, un flux et un reflux de ses formes, allant des plus simples aux plus complexes, des plus calmes, des plus fixes, des plus froides aux plus ardentes, aux plus violentes, aux plus contradictoires, pour revenir ensuite de la multiplicité à la simplicité, du jeu des contrastes au besoin d'harmonie, affirmant encore son être dans cette régularité des cycles et des années, se glorifiant dans la sainteté de ce qui doit éternellement revenir, comme un devenir qui ne connaît ni satiété, ni dégoût, ni lassitude[1]. »

Où trouve-t-on plume plus familière de l'apocalypse ? On attend des pluies de sang, des terreurs abominables, des damnations éternelles. Roue d'Ixion, supplice de Tantale et rocher de Sisyphe, le Monde vu par Nietzsche est figure de la répétition et modalité du

---

**1.** Nietzsche, *La Volonté de puissance*, Gallimard, 1948, t. I, 2, § 51.

Chaos. Ses traits fulgurants sont de feu. Ni effort vers l'Éden, ni progression vers le Paradis, le Monde est un prétexte pour Polémos, un argument pour la guerre et les conflits. Sur ce champ de bataille s'affrontent des puissances aveugles dont les trajets et les destins contradictoires tissent d'étranges tapisseries. Nœuds et trames, les péripéties du réel sont les illustrations de ces danses magnétiques.

Nietzsche propose une cosmologie de la transe, des virevoltes dionysiaques : il signe la mort des poétiques du monde pour lui préférer une saisie grandiose marquée par l'effroi. Ni entropie, ni fond, ni forme, ni limites, ni structures, ce monde ne ressemble à rien d'autre qu'à lui-même. La forme connue est congédiée, la description inaugure des contrées nulle part osées. Monde désenchanté, désert ou banquise – le tout sillonné de fulgurances, de traces et de blessures. À quoi sinon à la foudre cette volonté de puissance fait-elle penser ? Foudre ou énergie des abîmes profonds, courants pélagiques, bigarrures des abysses. L'ordre est mort, l'harmonie aussi.

Le Vieux Monde s'effondre en même temps que la description anthropomorphique qui l'accompagne – vieux réalisme caduc – au profit d'une nouvelle abstraction lyrique seule habilitée à donner l'impression d'une sauvagerie susceptible de domptage. Duplications sans doubles, l'univers saisi par Nietzsche est inouï. Fournaise et magma, ce monde-là est indicible autrement que par ponts jetés au hasard dans la masse.

Seules quelques intuitions laissent penser qu'on peut entrevoir l'économie générale du mouvement.

La terre est morte et avec elle son bel ordonnancement porteur de quiétude généré par des siècles de métaphysiques serviles et complices des religions les plus pernicieuses. Nietzsche saisit le primitif dans ses convulsions, ses torsions et ses souffles. Il dit l'éternité de ce mouvement d'apocalypse. De cette boue brûlante ne sortiront jamais ni ordre ni harmonie, ni sens ni évidence. Le projet nietzschéen consiste à saisir l'austère rigueur de l'insensé vouloir.

Négativement, cette lecture immanente du réel est prolégomène à la mort de Dieu. Elle annonce la bonne nouvelle du Dieu mort. La verticalité est impensable dans un pareil chaos. Plus d'aspiration en direction d'une béance céleste, plus de mouvement ascendant vers l'intelligible. Fin des lumières divines. Seules existent les forces en mouvement, les combats titanesques entre les éléments primitifs sans conjuration possible du hasard par des formes sécurisantes. Rien ne doit être espéré. Le monde est un chaos traversé de flux. Et ce pour l'éternité. D'où les terreurs associées :

« La véritable, la grande angoisse, c'est celle-ci : le monde n'a plus de sens[1]. »

Philosophe au marteau, Nietzsche n'a pas épargné les points cardinaux, les repères, les centres, les indica-

---

**1.** *La Volonté de puissance*, t. XI, 3, § 403.

tions directives et les plans. Ni échelles ni légendes. La carte est illisible. Il n'y a pas de géographie du monde nietzschéen, seulement la possibilité d'un effort stroboscopique. Épistémologiquement et méthodologiquement, c'est une révolution sans précédent. La crise de conscience annoncée est toute de déroute et de désespoir. Le marcheur n'a pas d'autre issue que la confiance dans le mouvement, l'abandon aux forces et le consentement à cette éminente dérision.

Nouvel Héraclite, Nietzsche concède au combat qu'il est père et roi suprême de toutes choses. Douceur du *polémos* auquel il faut sacrifier. Bruits et fureurs, le réel est rejeton du conflit, de la contradiction et de la guerre. La généalogie du monde est la belligérance. Les lois de cette guerre sont impossibles à saisir : ni stratégie, ni tactique, la volonté de puissance a le génie de l'embuscade et de l'offensive. Le principe du réel est énergie, vouloir de force : « Voulez-vous un nom pour cet univers, une solution pour toutes ses énigmes ? Une lumière même pour vous, les plus ténébreux, les plus secrets, les plus forts, les plus intrépides de tous les esprits ? Ce monde c'est le monde de la volonté de puissance et nul autre. Et vous-mêmes, vous êtes aussi cette volonté de puissance, et rien d'autre[1]. »

Pensé tel un champ de bataille, le monde offre des degrés d'accomplissement différents de la volonté de puissance. Ce combat est sans vainqueurs ni vaincus,

---

**1.** *La Volonté de puissance*, t. I, 2, § 51.

La seule vérité digne de ce nom est celle du conflit qui dure, persiste et triomphe dans la perpétuation de lui-même. Dans cette cosmologie, nulle place pour le repos, la quiétude, l'équilibre et la certitude. L'œuvre nietzschéenne est la cosmographie des désordres éternels.

L'obscurcissement du monde annonce une intraitable mélancolie. Nietzsche abolit la symbolique de la lumière – ou des Lumières. Avec lui s'ouvre un millénaire de clartés nouvelles : rayons froids et aseptisés qui tombent du chaos primitif et inondent de leur glace les cristallisations provisoires. Le réel nietzschéen est d'une noirceur saisissante, d'un noir profond, brillant et verglacé.

Il n'est ni désespérant ni tragique de porter un tel regard sur le monde. Nietzsche opère comme l'anatomiste convaincu de la nécessité d'un œil impassible qui tienne du découvreur de contrées nouvelles en même temps que de l'artiste. L'œuvre de Zarathoustra est voie d'accès aux perspectives hyperboréennes. Pareils scintillements sont porteurs de frimas. La lucidité est à ce prix. Vertu des forts là où l'optimisme est l'auxiliaire des faibles. Le regard nietzschéen est sensation du vouloir, trait de force et de puissance, essentiellement tension vers plus d'énergie.

S'évertuerait-on à nier les continents découverts par Nietzsche que, bien sûr, ils n'en existeraient pas moins. Sur ces terres nouvelles, l'irrationnel est nouvelle raison, l'insensé nouveau sens, le hasard nouveau déterminisme. L'évidence n'empêche pas le paradoxe.

Contourner l'irruption retarde seulement la confrontation. Nietzsche est un guide de haute montagne, le maître des vérités alcyoniennes. « Le devenir ne tend à rien, nous dit-il, n'atteint rien [...] est sans but et [...] il n'est pas dirigé par quelque grande unité dans laquelle l'individu puisse plonger totalement comme dans un élément de valeur suprême[1]. » Cette cosmologie nouvelle est tombeau de l'anthropocentrisme mais aussi fosse des dieux – ou de Dieu. La Volonté de puissance construit un cénotaphe.

## *L'irréligion pure*

En dehors de la Volonté de puissance, rien n'existe. Où Dieu pourrait-il creuser ses niches ailleurs que dans cette énergie brutale, conquérante et ignorante ? S'il était, il devrait immanquablement coïncider avec ce vouloir impérial. Quel besoin aurait-on de nommer Dieu ce qui dans l'esprit de Nietzsche est un vouloir tendu vers l'affirmation ? Seule une opération pernicieuse pourrait faire du nietzschéisme un panthéisme. Sur le mode feuerbachien, Dieu définit sous sa plume le cordial produit par l'impuissance des hommes et leur incapacité à une pensée du Grand Midi.

Le Monde de la Volonté de puissance ignore Dieu. Par-delà le réel, il n'y a rien. Dieu est « volonté de néant

---

[1]. *La Volonté de puissance*, t. XI, 3, § 111.

sanctifiée[1] », – car « le monde apparent est le seul[2] ». Soucieux d'une généalogie de cette figure poétique et fictive, Nietzsche analyse le besoin métaphysique pour conclure à son indigence. La source de Dieu ? Le mépris de la Vie, la peur de la Volonté de puissance, l'impuissance à l'assumer, à l'aimer. L'ignorance également : ne pas savoir, c'est tendre vers le croire.

La méconnaissance des forces qui agissent le monde produit cette création hyperbolique. Vieille œuvre de l'impuissance humaine et de l'innocence qui l'accompagne, Dieu est une sottise quand on connaît les mécanismes de la Volonté de puissance. « Dès qu'on a cessé de voir, écrit Nietzsche, dans la chute d'un pauvre petit moineau qui tombe du toit la volonté d'un Dieu personnel, on devient beaucoup plus réfléchi ; car on n'a plus besoin désormais de placer des êtres mythologiques (tels que l'Idée, la Logique, l'Inconscient, etc.) à la place de Dieu ; on tâchera, au contraire, de comprendre l'existence du monde par l'action d'une puissance dominatrice aveugle. Qu'on ait donc le courage, poursuit-il, de considérer l'homme comme le produit d'un hasard quelconque, comme un rien sans défense et abandonné à toutes les perditions : cette conception est aussi propre à briser la volonté humaine que celle d'un gouvernement divin[3]. » Tout réel est moment de cette

---

[1]. Nietzsche, *L'Antéchrist*, UGE, 10/18, 1967, p. 28.   [2]. Nietzsche, *Le Crépuscule des dieux*, « Idées » Gallimard, 1977, p. 37.
[3]. Nietzsche, *Fragments posthumes*, Gallimard, 1977, § 138.

puissance aveugle. Refuser le réel, c'est générer Dieu. L'accepter, c'est le congédier. Fin d'une hypothèse.

Fin aussi de plus de vingt siècles de fractions et de scissions irréparables, conditions de possibilité des angoisses, des ascèses et des purifications héritées du platonisme. Mort, là aussi, des antinomies entre nouménal et phénoménal, entre l'idée pure et le réel participatif impur. Au-delà de la Volonté de puissance, il n'y a rien ; Dieu est une catégorie nulle et non avenue. « On a inventé une notion Dieu qui est une antinomie de la vie et dont on a pétri l'horrible amalgame de tous les éléments nocifs, de tous les poisons, de toutes les calomnies et de toutes les haines qu'on puisse accumuler contre l'existence ! On a inventé une notion de l'au-delà, une notion de vrai monde pour dévaloriser le seul qu'il y ait, pour ne plus laisser ni but, ni raison, ni devoir à notre réalité terrestre[1]. »

Dieu est l'invention perverse et diabolique des hommes, une créature anthropophage qui instille dans chaque individu la contradiction dont il périt : fracture et scission, construction d'un abîme entre soi et soi. Dieu cause la perte de l'homme. L'attentat qu'il perpétue s'effectue contre la vie, la force et la puissance : il est le principe anesthésiant, l'auxiliaire d'oubli – ce qu'avant lui Feuerbach et Stirner stigmatisaient sous le terme d'aliénation. Dieu se nourrit des substances que l'homme abandonne de lui. Il vit d'emprunts.

Nietzsche a lu les ouvrages de Ludwig Feuerbach, très

---

1. *Ecce homo*, p. 175.

tôt même. Il connaissait également trop bien Wagner – fanatique de *L'Essence du christianisme* – pour ignorer les leçons du premier athée allemand systématique. Après les analyses de *L'Essence de la religion*, Dieu ne peut plus être envisagé que comme une hypothèse, un recours né des impuissances et des frayeurs, un substitut à la force défaillante, à la lucidité qui fait défaut. La révolution effectuée par Feuerbach est méthodologiquement sans précédent : ni invective, ni pure et simple négation, l'athéisme feuerbachien est analytique.

Nietzsche fait siennes les conclusions du Maître qu'il a lu avant même d'écrire une seule ligne. N'est-il pas possible de lire dans l'aphorisme 95 d'*Aurore* un salut à Feuerbach, fondateur de l'athéisme de la *tabula rasa* quand les autres se contentent de poser des jalons ? Que dit le texte ? Intitulé « La Réfutation historique en tant que réfutation définitive », il précise : « Autrefois on cherchait à prouver qu'il n'y avait pas de dieu, – aujourd'hui on montre comment la croyance en un dieu a pu naître et à quoi cette croyance doit son poids et son importance : du coup une contre preuve de l'inexistence de dieu devient superflue. Autrefois, lorsque l'on avait réfuté les preuves de l'existence de Dieu qui étaient avancées, le doute persistait encore : ne pouvait-on pas trouver des preuves meilleures que celles que l'on venait de réfuter : en ce temps-là les athées ne savaient pas faire table rase[1]. »

---

1. Nietzsche, *Aurore*, « Idées » Gallimard, 1975, § 95.

Brisés en leurs noyaux, frappés à la face, les dieux s'effondrent. L'entreprise feuerbachienne est récente. À l'heure où Nietzsche écrit, elle a une quarantaine d'années. Cependant, les livres ne sont jamais que les reflets de ce qui se passe dans l'air du temps. Feuerbach théorise un athéisme qu'il sent dans les mentalités. Il analyse un phénomène qu'il peut déjà constater, il use d'un matériel conceptuel là où la réalité se diffuse, se disperse et instille les âmes.

Il en va de même pour Nietzsche, athée parmi les athées. Son mérite est de forger l'imprécation et de mener le verbe au combat. Phénomène européen, le penseur peut, à l'époque, diagnostiquer et constater les effets, l'étendue des ravages. Dieu recule, la croyance se métamorphose : elle quitte le terrain de la religion pure pour des conceptions politiques originales – via de nouvelles métaphysiques. Quand elle se fit philosophie, l'idéologie du renoncement et de l'aliénation devint platonisme ; quand elle se fit religion, ce fut le christianisme ; à l'heure où elle se fait politique, sa forme est le socialisme. La métaphysique de l'aliénation emprunte perpétuellement les habits neufs sous lesquels elle masque son impuissance à la régénération.

Bien que la croyance donne dans les métamorphoses – meilleures façons de faire durer ce qui est périmé depuis longtemps –, l'athéisme ne cesse pourtant de progresser. Ruse de la raison, nouvellement réincarnées, les récentes métaphysiques de la croyance savent se parer des allures de l'athéisme. Mais leur téléologie, leur optimisme, leur croyance en des mécanismes sommaires désignent des entreprises réactionnaires qui se refusent l'authentique rupture : si Dieu est mort, il faut creuser sa tombe, l'enfouir et ne pas chercher à le faire ressusciter.

La première certitude issue de la nouvelle cosmologie nietzschéenne est que la Volonté de puissance est Tout, donc que Dieu n'est pas. L'athéisme est la vérité induite. Suite au constat de l'épaississement de la négation de Dieu, de l'évolution de pareille idée, Nietzsche invite à une synthèse des volontés débarrassées de Dieu et de ses formes. « Il y a bien aujourd'hui, écrit-il, dix à vingt millions d'hommes parmi les différents peuples d'Europe qui ne croient plus en Dieu –, est-ce trop demander que de souhaiter qu'ils se fassent signe ? Dès qu'ils se seront ainsi reconnus entre eux, ils se feront aussi publiquement reconnaître – ils deviendront immédiatement une puissance en Europe et, fort heureusement, une puissance répartie entre tous les peuples, entre toutes les classes ! Entre les pauvres et les riches ! Entre les dirigeants et les sujets ! Entre les agités et les pacifiques, les pacificateurs par excellence[1]. » Pour une Internationale athée, authentiquement et véritablement athée : ni dieux ni Dieu, ni substituts ni ersatz de dieux – de Dieu. La volonté nietzschéenne est pure immanence. Les restaurateurs rusés et hypocrites des principes d'aliéna-

---

1. *Id.*, § 96.

tion sont les derniers guerriers de la croyance. Derniers recours des hommes en mal de négation d'eux-mêmes.

L'athéisme constitue un préalable aux jours nouveaux et aux humanités enfin révolutionnées. L'insensé du *Gai Savoir* est le Diogène de ce futur sans Dieu. À la lumière de sa lanterne, il cherche, bras tendu, lumignon à la main, les hommes qui souhaitent s'agréger au cours nouveau des temps. D'abord, il se lamente sur ce déicide. Puis il soliloque : le monde désenchanté, la terre sans soleil, la chute sans fin, la confusion du haut et du bas, l'errance infinie, la frayeur et la froideur. En quête d'eau lustrale pour purifier les mains salies du sang divin, l'insensé vaticine entre les fossoyeurs, le bruit qu'ils font autour des tombes et les meurtriers, fasciné par la grandeur de leur action. Nouveau chant de Maldoror. « Il n'y eut jamais d'action plus grande – et quiconque naîtra après nous appartiendra, en vertu de cette action même, à une histoire supérieure à tout ce que fut jamais l'histoire jusqu'alors[1]. »

Vingt siècles de terreurs divines, de césarisme métaphysique ou de tyrannie du sacré viennent de marquer les premiers signes de faiblesse. Moments précurseurs à un effondrement sans précédent. L'Occident chrétien est fissuré, strié par des lézardes, abîmé par les fentes, habité par les failles. Bienheureuse entropie. Immenses bâtisses et palais baroques, églises clinquantes et temples froids,

---

1. *Le Gai Savoir*, § 125.

monuments prétentieux et édicules sacrés vont s'effriter et s'effondrer dans la lumière et la poussière. L'heure des déconstructions de bâtiments se prépare. Fin des maçonneries caduques, fin des architectures construites sur le vide, le néant et le malentendu. Le XX$^e$ siècle est l'ère des séismes et des tremblements de terre, des cratères et des gouffres dans lesquels vont s'abîmer plus de deux millénaires.

D'où les métamorphoses et le bestiaire de Zarathoustra. Nietzsche annonce le dépérissement du chameau, spécialiste de l'agenouillement, du désir de fardeau et du vouloir de charge. Horrible bête obsédée par le lest et les marchandises. Horrible bossue de l'impératif catégorique et de la mort choisie et consentie. Horrible portefaix du renoncement et de la soumission. Bête immonde qui ne jouit que croulant sous les obligations. Exigence du lion. Animal rugissant capable de créer sa propre loi, d'oser l'autonomie et la singularité. Argument de passage pour la pensée du Grand Midi, moment nécessaire à l'avènement de l'enfant, à l'accomplissement de l'innocence. Grandes métamorphoses, tremblements de terreur et de joie : les trois devenirs signent le crépuscule et les aurores. « L'événement est en soi beaucoup trop considérable, trop lointain, trop au-delà de la faculté conceptuelle du grand nombre pour que l'on puisse prétendre que la nouvelle en soit déjà parvenue, bien moins encore, que d'aucuns se rendent compte de ce qui s'est déjà réellement passé, comme de tout ce qui doit désormais s'effondrer, une fois ruinée cette croyance, pour avoir été fondée sur elle, et pour ainsi dire enchevêtrée en elle[1]. » Obscurcissement du monde et prolégomènes à une aurore vont de pair : pressentiment, attente et impatience plongent leurs racines dans le monde en fusion de la Volonté de puissance.

Seul un meurtre pouvait libérer d'une pareille tutelle. L'œuvre fut d'autant plus subtile qu'il n'y avait pas de chair où enfoncer la dague. Comment plonger le couteau dans une idée, une aliénation, une création de l'esprit ? Introuvable victime. On ne sacrifie pas une invention comme on tue le bouc de la tragédie. Improbable combat. Absence d'écho et vide sidéral ont amplifié le souffle mensonger jusqu'à le faire périr. La perpétuité du silence divin, malgré les cris de l'homme, a désespéré l'humanité saisie de ressentiment face à pareille morgue.

L'histoire de l'athéisme est d'abord l'histoire d'une audace à défaut d'ennemi visible, un combat contre des ombres, des rixes avec le vent. Il a fallu que, malheureux de l'invisibilité de ce en quoi ils croyaient, les hommes se mettent en quête d'une rencontre impossible par nature pour que cette aventure dégénère en profanation. Sous le couteau morticole, il n'y avait aucune proie, aucune réalité. Supercherie deux fois millénaire !

Saisi dans son défaut de réalité, Dieu persiste parfois dans le paradoxe. Fanatiques de vacuité et d'aliénation ont mis au point une théologie négative capable – selon eux – de percer les mystères du vide et du néant confon-

---

1. *Le Gai Savoir*, § 343.

dus. Depuis longtemps, pourtant, les profanateurs de tabernacles ne découvrent que manque et absence. Les hommes en colère laissent monter en eux une intraitable mélancolie, en même temps ils se sont aperçus qu'un pareil désert était susceptible de fertilisation. Le sable de *Zarathoustra* est un ventre chaud pour les millénaires à venir. Plein de potentialités inédites, les contempteurs du vide ont décidé de planter les poignards dans les rides et les flux de cette mer de cristaux. Les premiers grands travaux pouvaient commencer.

Premier impératif, construire un nouveau tombeau. Au revers de la médaille dont l'avers est Dieu, il y a l'Homme. Vieille idée, vieux mensonge et vieux mythe, l'Homme était paré des oripeaux les plus stupides. Plus Dieu exigeait de riches vêtements, plus les Hommes se dépouillaient. Dans leur nudité pitoyable, ils disaient l'impérieuse nécessité d'habits nouveaux. La mort du vieil Homme était nécessaire. Les trois tombeaux n'en faisaient qu'un.

## *Le devenir fragment*

Déjà Schopenhauer brosse le portrait d'un homme qui n'est plus très flatteur. Ni centre du monde, ni point ultime et parfait de la création, l'homme est bien plutôt un piètre effort pour masquer la bête de proie, pour cacher le reptile lové dans les limbes de son encéphale. Cette créature ne participe que d'elle-même : ni image de

Dieu, ni principe atténué de l'idéal. La figure humaine est tragique. À mi-chemin entre le règne minéral et le règne animal, à la fois singe et batracien. Au centre de lui-même, on trouve les composants habituels – jeu de forces, volonté de puissance et influx aveugles.

La biologie contemporaine confirme le diagnostic. Giorgio Colli précise ce qui, à ses yeux, fonde la modernité et l'extrême originalité de la pensée nietzschéenne : « Reconnaître l'animalité dans l'homme et, qui plus est, affirmer que l'animalité est l'essence de l'homme : voilà la pensée grave, décisive, annonciatrice de tempête, la pensée devant laquelle tout le reste de la philosophie moderne est rabaissée au rang d'hypocrisie[1]. »

Avec la volonté de puissance et la nouvelle cosmologie qu'elle suppose, Nietzsche dépasse les audaces de Copernic. Avec l'éviction définitive de Dieu, il outrepasse et laisse loin derrière les impertinences de Feuerbach. En définissant l'homme comme un animal encombré par la civilisation, le philosophe au marteau fait pâlir les effronteries de Darwin. Révolution, s'il en est, que nier la partition entre règne animal et règne humain...

Nietzsche marque, là encore, la fin d'une période – optimiste et anthropocentriste –, pour ouvrir celle de la sagesse tragique qui assume la Volonté de puissance comme fin mot de cette histoire. La bête et l'homme sont habités par le principe qui régit tout dans l'uni-

---

[1]. G. Colli, *Après Nietzsche*, Éd. de l'Éclat, 1987, p. 76.

vers. Freud n'oubliera pas la leçon. Après Nietzsche on ne regarde plus l'homme comme avant : on ose le trait lucide si cher aux moralistes français.

En lecteur de La Rochefoucauld – très tôt lu –, Nietzsche sait l'amour-propre moteur du monde. L'homme que décrivent les psychologues du Grand Siècle est exhibé : le portrait fidèle remplace la figure rêvée. Dure et impitoyable école, la lecture de ces maîtres fait du philosophe au marteau un penseur redoutable. Zarathoustra, fidèle disciple de ces écrivains à la plume d'acier, ose les paroles les plus iconoclastes lorsqu'il descend vers la ville la plus proche : « Jadis vous fûtes singes, et maintenant encore plus singe est l'homme que n'importe quel singe. Mais le plus sage d'entre vous, celui-là n'est aussi qu'un discord et un hybride de végétal et de spectre. […] En vérité, c'est un sale fleuve que l'homme[1]. »

Mieux qu'un animal parmi les autres animaux, l'homme est en fait le plus malade de toutes les bêtes. Le débile par excellence. Celui qui, seul parmi ses semblables, s'est créé faible, chétif et malingre. Il a forgé les outils avec lesquels il s'est émasculé. Aujourd'hui, il traîne ses souffrances dans un monde où il subit, adore et obéit. Religion, civilisation et morale nourrissent cette automutilation : renoncement, mépris du corps, refus de la vie. L'homme est le plus pâle des animaux. En lui sont mortes les forces et les potentia-

---

[1]. *Ainsi parlait Zarathoustra*, « Prologue », § 3.

lités. Il a éteint la puissance, étouffé l'énergie, étranglé la force. Dans une société blanche et transparente, il s'est condamné à une perpétuelle errance.

Danseur et rieur, lucide et cruel, accompagné de son aigle et de son serpent, Zarathoustra propose un miroir aux hommes. Il n'a cure de violence ni de méchanceté : simplement la leçon du reflet. Porteur d'une onde capable de réfléchir, il brandit sa miroiterie au musée des bipèdes sans plumes. S'il n'aime pas les hommes, c'est parce qu'il préfère leurs potentialités. Ce qui n'est pas encore advenu, les possibilités de germination.

Frère de Stirner et compagnon de l'Unique, l'homme au serpent n'aime pas l'Homme de l'abstraction exsangue, la fiction théorique, le concept. Point d'antihumanisme dans un tel constat, on ne saurait aimer ou détester une vue de l'esprit : seul importe le devenir de cette bête qui grogne dans le désert et se contente de répétitions et d'imitations. Zarathoustra veut un animal flamboyant qui ose, un jet de forces et de puissance. Pour consentir au jaillissement et à de perpétuelles saturnales, il faut – présupposé de méthode – en finir avec les erreurs. Mort, donc, à tout ce qui entretient l'homme dans sa bassesse, sa petitesse, son étroitesse. Mort aux fictions qui garantissent les erreurs de perspective, les aberrations.

La première sottise est de croire l'homme pourvu d'une faculté à se déterminer librement. Fidèle, là encore, à la leçon d'Arthur Schopenhauer, Nietzsche détruit cette illusion métaphysique, cet *a priori* corrupteur. L'homme n'est pas libre, il est déterminé par un jeu inextricable de forces et d'influx. Objet de la puissance et de son impérialisme.

« L'antique illusion selon laquelle on saurait, on saurait très exactement et dans tous les cas comment se produisent les actions humaines est toujours vivante. [...] Je sais ce que je veux, ce que j'ai fait, je suis libre et responsable, je rends autrui responsable de ses actes, je peux nommer par leur nom toutes les possibilités morales et tous les mouvements intérieurs qui précèdent une action ; libre à vous d'accomplir n'importe quelle action. [...] Ainsi pensait autrefois tout le monde, ainsi pense encore presque tout le monde. [...] La terrible réalité ne consiste-t-elle pas justement en cela : tout ce que l'on peut savoir d'un acte ne suffit jamais pour l'accomplir[1] ? »

Invention de théologiens que cette prétendue liberté. Trouvaille de métaphysicien, rhétorique de philosophe. Ainsi pourvus d'une hypothétique faculté de se vouloir, les hommes deviennent responsables. Ils sont susceptibles de payer, d'être condamnés, jugés, jaugés. Avec une pareille hypothèse, les sujets sont à l'origine de leurs actes, ils transcendent le grand vouloir qui les gouverne. Le libre arbitre est l'auxiliaire des juges : la conscience est pensée comme le siège de l'être. Erreur métaphysique par excellence ! La conscience est le carrefour de

---

1. *Aurore*, § 116.

puissances aveugles et dominatrices, elle subit le jeu gratuit et fulgurant de l'instinct, des influx et des forces. Elle est pleine d'une énergie qui déborde, se fait marée et seul mouvement.

Lorsque les hommes agissent, ils subissent l'œuvre de la Volonté de puissance, au même titre que l'albatros ou le crapaud. Dans ce nouvel éclairage, les oppositions entre bien-mal, vérité-erreur, responsable-irresponsable n'ont plus de sens. Tout est situé par-delà ces dualismes sommaires, dans le froid et pur rayon de la puissance. L'erreur du libre arbitre a des surgeons : notamment le sujet, l'individu comme morceaux autonomes capables de vouloir leur destin. Dans pareille idée fausse gît tout le désespoir de l'homme.

Malheureux de mesurer l'étendue de son impuissance, son peu de participation à la perfection, il crée un Dieu et n'a de cesse de vouloir l'imiter. Disposer d'un vouloir libre, ce serait procéder du divin, partager avec les dieux un peu de leurs pouvoirs. Las ! Plus animaux que créatures célestes, les hommes ne veulent pas consentir à l'évidence : le Moi est une fiction, « l'individu n'est jamais, sous quelque angle qu'on le considère, qu'un fragment de *fatum*, il n'est jamais qu'une loi de plus, une nécessité de plus pour tout ce qui vient et qui sera[1] ». Et, plus loin : « On est nécessaire, on est un fragment de fatalité, on fait partie d'un tout, on est dans ce tout – il n'y a rien qui puisse juger,

---

**1.** Nietzsche, *Crépuscule des idoles*, « Idées » Gallimard, 1977, p. 52.

peser, comparer, condamner notre être, car cela voudrait dire juger, peser, comparer, condamner le Tout... Mais hors du Tout, il n'y a rien. Que Personne ne soit plus tenu pour responsable, que le monde ne puisse plus être ramené à une *prima causa*, que le monde, ni en tant que sensorium, ni en tant qu'esprit, ne soit une unité c'est cela et cela seulement qui est la grande libération[1]. »

L'orgueil de l'homme est frappé en son centre. Après avoir appris qu'il n'était plus – pas même – le centre du monde, de l'univers, il lui faut apprendre et assumer qu'il n'est même pas le centre de lui-même. Double révolution copernicienne qui place l'homme en périphérie du tout et de lui-même. Défaut de centre, fin des axes et des principes autour desquels s'enroulent les vérités sommaires. L'équation se simplifie à l'extrême : en dehors du Tout, il n'y a rien. Ce tout, c'est la Volonté de puissance. L'homme n'est donc que Volonté de puissance, fragment de cette totalité.

Leçon cruelle. Mais plus cruelle encore la conséquence de cette vérité nouvelle. Partie aveugle d'un Tout, l'homme est autant responsable de lui, des autres et du monde que les autres fragments – cristaux et oiseaux, crustacés et atomes. Tirons donc les conséquences : « La complète irresponsabilité de l'homme à l'égard de ses actes et de son être est la goutte la plus

---

1. *Id.*, p. 66.

amère que le chercheur doit avaler, lorsqu'il a été habitué à voir dans la responsabilité et le devoir, les lettres de noblesse de l'humanité [...]. Tel il est devant une plante, tel il doit être devant les actions des hommes, devant les siennes propres[1]. » Comment se comporte cet éclat dans le grand Tout qui le contient ? Que fait-il des autres, de lui-même et du monde ?

Une fois encore Nietzsche braque la lumière crue de sa psychologie sur l'intersubjectivité. Il va détruire les lieux communs : il nie l'altruisme, la sympathie, la bonté, la douceur et la prévenance. Il révèle tout l'égoïsme qui sous-tend la pitié et la proximité. Il dit l'erreur de croire possible une action bonne. Il martèle la force de la Volonté de puissance à l'œuvre dans les rapports entre les hommes. Ni amour, ni amitié, ni tendresse, ni compassion : l'homme est une bête de proie qui masque sous de multiples figures l'impérialisme de l'énergie brutale et aveugle qui le conduit. La terre est une jungle où s'affrontent les humains : soit de face – dure loi du combat violent et agressif –, soit indirectement – ruses subtiles et tromperies singulières. Vipère ou caméléon.

Faut-il être bien peu lucide pour ne pas constater la vérité du tableau brossé par Nietzsche ! Dans son maître ouvrage de psychologie voltairienne – *Humain trop humain* –, Nietzsche écrit : « L'idée du prochain est en nous très faible ; et nous nous sentons libres et

---

[1]. Nietzsche, *Humain, trop humain*, Denoël-Gonthier, 1973, § 107.

irresponsables envers lui comme envers la plante et la pierre[1]. » À l'origine des comportements, on trouve une dialectique simple. Toujours quelque peu présocratique, la rhétorique de Nietzsche suppose un pôle d'attraction et un pôle de répulsion – l'amour et la haine. Autour de ces deux instances s'organise la vie. Les hommes cherchent le maximum de plaisir, ils évitent au maximum le déplaisir : attirés par la jouissance, ils répugnent à la douleur. Papillon obsédé par le lumignon.

La sentence hobbesienne selon laquelle l'homme est un loup pour l'homme ne cesse de se vérifier. Violence, guerre, cruauté, voilà les détails de toute intersubjectivité. Le moteur des comportements est « l'instinct de conservation ou, plus exactement encore, l'aspiration au plaisir et la fuite du déplaisir[2] ». Cette logique d'une quête de satisfaction est commune à tous. La vie est le terrain de ces luttes. Toute altérité se joue d'abord sur le mode de l'exclusion. L'autre existe en moyen pour mes propres fins. La morale kantienne – pour ne pas avoir pris en considération ce qui est, mais pour s'être contenté du pur devoir être – relève du magasin d'accessoires. Fin du kantisme. L'autre agit en argument contre mon expansion. Il est l'excès par définition, l'entrave impossible à économiser. « Un seul désir de l'individu, celui de la jouissance de soi-même (uni à la crainte d'en être frustré), se satisfait dans toutes les

---

**1.** *Id.*, § 101.  **2.** *Id.*, § 99.

circonstances, de quelque façon que l'homme puisse, c'est-à-dire doive, agir[1]. »

L'intérêt constitue le mobile de toutes les actions humaines car il est la modalité, dans l'intersubjectivité, de la Volonté de puissance. D'où la nécessité d'un trait lucide : « Un être qui serait capable exclusivement d'actions pures de tout égoïsme est plus fabuleux encore que l'oiseau phénix. [...] Jamais un homme n'a fait quoi que ce soit qui fût fait exclusivement pour d'autres et sans aucun mobile personnel ; bien mieux, comment pourrait-il faire quoi que ce soit qui fût sans rapport à lui, partant sans une nécessité intérieure (laquelle doit cependant avoir toujours sa raison dans un besoin personnel) ? Comment l'ego pourrait-il agir sans ego[2] ? » Fatalité du désespoir. Force du destin. On ne peut être moral. La moralité ? une vieille lune...

Troisième révolution nietzschéenne : l'homme n'existe pas. Disons-le autrement : ce que vingt siècles ont entendu avec ce terme n'est pas possible. La mort de l'homme, avant d'être l'annonce de Foucault, se trouve chez Nietzsche ! Ni antihumanisme, ni nouvel humanisme, mais là encore par-delà : Nietzsche ouvre les perspectives d'une sagesse tragique. Le constat est sans appel. Comme en écho à l'obscurcissement du monde, on entend Nietzsche proférer dans *Aurore* : « Si seules sont morales [...] les actions accomplies pour l'amour

---

**1.** *Humain, trop humain*, § 107.   **2.** *Id.*, § 133.

d'autrui, et seulement pour cela, alors il n'y a pas d'actions morales ! Si seules sont morales – d'après une autre définition – les actions accomplies par une volonté libre, alors il n'y a pas non plus d'actions morales[1]. » Si la morale n'est pas possible, si le sujet de celle-ci est une fiction : à quelles fins s'en est-on servi ? Nouvelle fracture dans l'Occident, la généalogie nietzschéenne de la morale sape plus et mieux.

## Rhétorique de moraline

La révolution opérée par Nietzsche dans le domaine de la morale n'est pas sans intérêt. Là encore le Maître en orages négateurs se fait redoutable. Redoutable de lucidité, de rigueur et de précision. Le regard obsédé de nudité qu'il ne cesse de porter sur le monde lui donne matière à une remarquable *Généalogie de la morale* dans laquelle il pulvérise lieux communs et idées fausses. Depuis Nietzsche, on ne peut plus se satisfaire des morales impératives. Il a démonté les principes et les rouages de toute morale. Ressentiment, réaction et mauvaise conscience côtoient les moments limpides où l'analyste se fait impitoyable ; plus de deux millénaires d'habitudes sont détruits au profit d'une logique nouvelle, celle de la morale descriptive – morale tragique parce que morale de la nécessité,

1. *Id.*, § 148.

morale de la fatalité qui congédie les éthiques optimistes du devoir être normatif.

Nietzsche décrit et dévoile l'évidence. Son problème n'est pas de fournir des arguments pour une logique du renoncement, mais de dire que toute morale, depuis des siècles, est morale du renoncement et de l'ascétisme. Son dessein ne se veut pas policier mais mécanique. Ses textes analytiques défont – déconstruisent dirait-on aujourd'hui – les rouages et réduisent au simple, à l'élémentaire cette lourde machine douée d'un formidable pouvoir de répression. Pas de nouveau Moïse, mais un nouveau Diogène.

L'œuvre généalogique devient purification, démystification de ce qui se présente depuis plus de vingt siècles comme une évidence. Là où la morale s'avance masquée, drapée derrière des apparences, Nietzsche opère une dissociation d'idées : l'éthique se trouve désarticulée comme une chose. Elle fait l'objet d'une archéologie minutieuse. Comme toujours en pareille occasion, la chose examinée, dénudée et mise à jour, perd de son prestige et de son assurance. Elle pâlit et se révèle dans sa plus simple expression : elle n'est en fait qu'un outil de mort, un fer pour marquer la vie et la disqualifier à jamais.

Jamais avant lui une telle audace mélangée à une telle pertinence n'a été maniée. Ni les invectives, ni les paroles de mépris n'ont réussi à entamer le crédit de l'éthique. Personne n'a osé la profanation, la pénétration du sanctuaire pour affirmer haut et clair la nudité du Roi. Personne n'a tenté la dissection ou osé la question : sur quels terrains la morale s'est-elle enrichie ? Quel est son sens ? Quels intérêts sert-elle ? De quels principes procède-t-elle ? La prudence était de règle, comme on invite à la prudence dans les lieux les plus sacrés, les plus habités par le silence des dieux.

Nietzsche invite purement et simplement à l'attentat : « Il faut tirer sur la morale[1]. » Ses armes ne laisseront que poussière. L'efficacité de ses munitions et de ses dynamitages débouchera sur un désert de poudre et de feu. Il n'entreprend rien moins qu'une mise à mort en règle des morales normatives – « Tu dois » – pour promouvoir une morale sans obligation, ni sanction, sans impératifs et sans commandements – « C'est ainsi » –. La force froide de la description. Nulle injure. Il suffit de détailler ce qu'il appelle – dans un rare néologisme de son cru – « la moraline[2] ».

La moraline, c'est en fait l'opium de la Volonté de puissance, l'argument utilisé contre la Vie. Elle s'active dans tout idéal ascétique : elle endort l'énergie, calme les instincts, assoupit la force. Son efficacité est analgésique. Sa cible ? Le Moi qu'il faut défaire – le Moi, ou ce qui se présente comme tel.

Heureux dualisme que celui du corps et de l'âme ! Il autorise les rhétoriques les plus perverses, les logiques les plus spécieuses. Ainsi joue-t-on l'âme contre le corps, l'esprit contre la chair, la maîtrise contre l'aban-

---

[1]. *Crépuscule des idoles*, p. 22.    [2]. *L'Antéchrist*, pp. 10 et 12 et *Ecce homo*, p. 36.

don – autre façon de dire : la négation contre l'affirmation. Le monisme nietzschéen s'accommode mal de ce subterfuge. L'âme est une invention de l'homme impuissant à s'assumer champ de forces. Il n'y a que du corps, l'âme en est l'une des modalités. La morale ne peut s'adresser à une partie du corps pour mieux en nier une autre.

Contre la tradition occidentale qui rend les philosophes esclaves de cette erreur, Nietzsche part en guerre de façon véhémente : « Incontestablement, depuis qu'il y a des philosophes sur terre et partout où il y a des philosophes […], il y a une véritable animosité, une rancune – philosophique à l'égard de la sensualité[1]. » Comment lui donner tort ? Il existe, il est vrai, une cabale bimillénaire contre la tradition matérialiste, moniste ou sensualiste, pourtant bien existante de Démocrite à Büchner. Nietzsche s'insurge contre cet état de fait. La morale fait son deuil de la part maudite, de la chair, du sang et de la lymphe pour préférer la part céleste, divine – mais inexistante…

Le corps est le grand œil par lequel se saisit le monde, l'unique opération qui autorise l'appréhension globale du réel sous l'angle de la Volonté de puissance. Œuvre de force qui loge dans la chair, elle est aussi l'énergie susceptible de captation par elle-même. Auto-analyse ou écoute de ses effets. Guetteur de nuit, d'ombres et de

---

1. Nietzsche, *La Généalogie de la morale*, « Idées » Gallimard, 1966, p. 158.

vent, Nietzsche traque les effets de la moraline sur ses proies.

Zarathoustra invective les contempteurs de la chair. Il les conspue d'avoir commis l'acte le plus répréhensible de toute l'histoire de l'humanité : l'oubli du corps, la distraction des choses prochaines. Avec le bestiaire symbolique, le solitaire s'écrie : « Je suis tout entier corps, et rien d'autre ; l'âme est un mot qui désigne une partie du corps. Le corps est une grande raison, une multitude unanime, un état de paix et de guerre, un troupeau et son berger. Cette petite raison que tu appelles ton esprit, ô mon frère, n'est qu'un instrument de ton corps, et un bien petit instrument, un jouet de ta grande raison. »

Le regard fixé dans celui de ses auditeurs, l'œil plein de feu, il poursuit : « Tu dis Moi, et tu es fier de ce mot. Mais il y a quelque chose de plus grand, à quoi tu refuses de croire, c'est ton corps et sa grande raison ; il ne dit pas Moi, mais il agit en Moi. Ce que pressent l'intelligence, ce que reconnaît l'esprit n'a jamais sa fin en soi. Mais l'intelligence et l'esprit voudraient te convaincre qu'ils sont la fin de toutes choses ; telle est leur fatuité[1]. » Suivent les analyses qui ne sont pas sans faire penser à celles d'un certain Docteur viennois... Topique nietzschéenne où Soi et Moi combattent, rusent ou entretiennent un indicible rapport. Jeux et caprices, feintes et illusions – la chair est le lieu de cette étrange et puissante alchimie.

---

**1.** *Ainsi parlait Zarathoustra*, pp. 45-46.

Illusion du Moi, vérité de la Volonté de puissance ; illusion de la Morale, vérité des instincts ; illusion des idées et croyances métaphysiques, vérité d'une folle rhétorique. Si le corps est mû par cette Volonté de puissance, que peut la morale ? Rien. Début de la sagesse tragique : consentir à l'inéluctable. On ne peut éviter cette alternative : consentement ou résistance à la Vie. Voilà le sens de l'éthique. Encore faut-il même préciser que ce choix se trame dans la chair mais nullement dans la conscience ou l'âme.

Avant l'œuvre freudienne, Nietzsche soulève le voile du monde des instincts. Il s'offre même le luxe d'une paternité honorable puisqu'il met à jour les rouages de ce que depuis Freud on appelle le Refoulement. Le dernier Freud isolera des forces dont les racines sont aussi nietzschéennes : ainsi du Principe de Réalité et du Principe de Plaisir, étrangement apparentés aux rameaux flexibles et mouvants qui surgissent du portrait fait par Nietzsche de « l'homme intérieur ».

Sous la plume du philosophe au marteau on assiste à la description de l'homme châtré dont l'énergie est maintenue dans un rôle inoffensif. Apparaît alors la distinction entre une morale d'avant le ressentiment et une morale d'après. Une morale des Maîtres et une morale d'Esclaves. L'analyse généalogique concerne la seconde, celle qui a pris les formes sous lesquelles elle sévit à l'époque de Nietzsche – et encore aujourd'hui. Le père de Zarathoustra fait une fine analyse de cette seconde morale et conclut à sa dangerosité.

La morale première fut celle des Forts qui naturellement consentent à la Volonté de puissance en eux. Les choses sont alors simples : leurs voix confondent avec la vérité, donc le bien. Ils expriment le oui à la vie. Forts de la qualité, ils existent en nombre moindre que les autres qui subissent leur loi. Spoliés et habités par un désir de revanche, les Faibles s'associent. Si la qualité leur manque, du moins sont-ils majoritaires en nombre.

Toutes les vertus premières – issues de la noblesse, de la grandeur, de la distinction et de la puissance – sont devenues des cibles. Le ressentiment les anime et ils effectuent une transmutation des valeurs : le bien des forts devient le mal des faibles, et vice versa. La vie s'en appauvrit d'autant. Les forts restent minoritaires et dispersés. Une loi posée par Nietzsche veut que « les forts aspirent à se séparer, comme les faibles à s'unir[1] ». En vertu de ce principe, la durée est acquise par les faibles qui cristallisent en formes durables leurs nouveaux édits.

Cette tragique opération qui voit la victoire de la médiocrité rassemblée contre l'excellence éclatée prend consistance dans une civilisation caractérisée par les ravages qu'elle commet. Ainsi la première transvaluation des valeurs est-elle à l'origine d'une béance sans fond au centre même de l'homme. La source de cette fracture est due à la charge contre-nature qu'ont eu à subir les hommes depuis ces temps du ressentiment triomphant. Soumis à la loi de l'ascétisme, du renonce-

---

1. *La Généalogie de la morale*, p. 206.

ment et de la soumission, les hommes habités par une formidable puissance désireuse d'œuvre et d'expansion, voient augmenter en eux une effroyable tension. La vie devait être empoisonnée par un nouveau germe. Signe des temps et des progrès néfastes effectués par la nouvelle rhétorique, le malaise s'inscrit au plus profond des chairs. Les analyses de *La Généalogie de la morale* sont, sur ce point, extrêmement claires et efficaces : la mauvaise conscience est, après le ressentiment, la deuxième figure de la moraline.

« Je considère, écrit Nietzsche, la mauvaise conscience comme le profond état morbide où l'homme devait tomber sous l'influence de cette transformation, la plus radicale qui n'ait jamais été subie, – de cette transformation qui se produisit lorsqu'il se trouva définitivement enchaîné dans le carcan de la société et de la paix […] : un poids énorme les écrasait[1] ! » Et Nietzsche de poursuivre : « Je crois que jamais sur terre il n'y eut pareil sentiment de détresse, jamais malaise aussi pesant. » L'intraitable mélancolie trouve ici son généalogiste : le renoncement à la vie.

L'effet mortifère de ce travail de contention et de rétention des pulsions sombres est analysé dans la foulée. Les lignes qui suivent n'ont pas manqué d'influencer l'étiologie freudienne en matière de Refoulement et de Retour du refoulé. Jugeons-en : « Les anciens instincts n'avaient pas renoncé d'un seul coup à leurs exi-

---

1. *La Généalogie de la morale*, p. 206.

gences ! Mais il était difficile et souvent impossible de les satisfaire : ils furent en somme forcés de se chercher des satisfactions nouvelles et souterraines[1]. » La civilisation comme cause des névroses ; le principe de réalité comme principe impérieux et autoritaire, négateur du principe de plaisir ; la Volonté de puissance contrariée par l'idéal ascétique : voilà l'œuvre de la moraline, voilà les principaux réseaux qui constituent la morale serve. Déracinés, arrachés à leurs terres primitives, les hommes se sont trouvés sommés d'assumer le crépuscule de la vie. Le renoncement, l'oubli du corps, la mort de la puissance devenaient les vertus suprêmes alors que périssaient d'ennui les porteurs d'une saine et authentique énergie en mal de dépense.

Que faire aujourd'hui du triomphe souverain de l'éthique de la mort vécue au quotidien ? Solution simple. Toujours posant le fait brut qu'il n'y a que Volonté de puissance, que le libre arbitre est une fiction, Nietzsche pense les hommes inégalement pourvus de puissance – énergie en excès ou en défaut. La morale du ressentiment veut le silence de la part maudite ; la morale nietzschéenne veut son affirmation. Soit la morale reste l'éteignoir de la vie, soit elle devient la logique du grand oui, l'oxygène rédempteur qui prend en charge et assume la part maudite devenue part divine. L'alternative est simple : consentir ou non à la puissance en soi. Laisser

1. *Id.*, p. 120.

parler la vie ou lui intimer l'ordre de se taire. Libérer les forces ou les contenir coûte que coûte.

Faut-il pour autant conclure qu'ainsi Nietzsche invite à la fureur et à la sauvagerie des « bêtes de proie blondes[1] » ? Certes non. Ce serait oublier le parti pris descriptif nietzschéen et réduire sa pensée à une prescription de normes et de tables de lois. Rien n'est plus étranger à Nietzsche qu'un nouveau décalogue. Il invite juste à terrasser les forces mortifères en nous : ni ressentiment, ni mauvaise conscience, ni culpabilité à Vivre – tout simplement vivre.

Répondant par avance aux critiques qu'on aurait pu lui faire sur le danger de cette perspective libertaire en matière d'instincts, il signale qu'il n'y a problèmes que lorsque la Force et la Puissance sont mises au service des forces de mort – nouvelles vertus cléricales qu'il combat. Ainsi, il déplore « les épidémies d'épilepsie les plus épouvantables et les plus violentes que la guerre connaisse ». Suivent quelques références : danse de saint Guy, sorcières ou – Nietzsche préfigure étrangement le délire fasciste pour répondre avant l'heure – « délire collectif de ces fervents de la mort dont l'horrible cri : *evviva la muerte !* retentit dans toute l'Europe, interrompu par des idiosyncrasies tantôt voluptueuses, tantôt enragées, de destruction[2] ». Toutes ces fêtes noires et collectives sont les cristallisations combinées

---

**1.** *La Généalogie de la morale*, p. 122.   **2.** *Id.*, p. 217.

## Les orages négateurs

d'idéaux ascétiques – deux raisons de déplaire à Nietzsche. Supposons ce qu'il aurait pensé des messes grandiloquentes des fascismes goûteurs de mort là où il veut la vie ! Imaginons son jugement sur les fascismes obsédés de renoncement et de sacrifice là où il ne voulait qu'affirmation et allégresse dans et par la vie !

L'ultime paradoxe étant qu'il n'est pas même jusqu'au consentement ou au refus de la Volonté de puissance qui ne soient soumis aux ordres et à la logique de ce vouloir impérieux. En fait, il n'y a que volontés fortes ou volontés débiles, emportées dans le tourbillon d'une énergie qui les dépasse, les maîtrise et se joue d'elles. Car « toute morale saine est dominée par l'instinct de la vie[1] ». Et s'il écrit que, pour lui, « vivre c'est essentiellement dépouiller, blesser, violenter le faible et l'étranger, l'opprimer, lui imposer durement ses formes propres, l'assimiler ou tout du moins (c'est la solution la plus douce) l'exploiter[2] », ce n'est pas pour inviter la vie à se faire nietzschéenne, mais tout simplement parce que la vie est telle que Nietzsche la décrit, froidement, avec le cynisme le plus décapant. La violence du réel n'est pas une prescription livresque...

---

**1.** *Crépuscule des idoles*, p. 49. **2.** Nietzsche, *Par-delà le bien et le mal*, UGE, 10/18, 1962, § 259.

## Éloge de Ponce Pilate

L'attentat le plus célèbre de Nietzsche est sans conteste celui qu'il a perpétré contre le Christianisme. Tuer Dieu, passe encore. À leur manière, les partisans du déisme, du panthéisme et de la théologie négative avaient préparé le terrain. Pied à pied, ils avaient brodé le linceul, tout en garantissant que, malgré le cadavre, ils n'iraient pas plus loin dans la déchristianisation. De fait, tous les penseurs hétérodoxes ont cessé toute activité après avoir déposé le couteau déicide. Leur rage a épargné les conséquences d'un Dieu sur le terrain de la morale, des mœurs ou de la religion.

Denys l'Aréopagite ou Spinoza n'invitent pas à brûler les textes sacrés. Ils ne mettent pas en cause les leçons du Dieu qu'ils ont petit à petit désacralisé. Parfois même, le rendant plus mystérieux, plus insaisissable, ils contribuaient à un renforcement du divin. Là où Strauss ou Renan dissertent sur la divinité de Jésus, sur son rapport aux symboles, sur son sens historique, Nietzsche invective, provoque. Ainsi écrit-il dans *L'Antéchrist* : « Est-ce utile de (préciser) qu'il y a dans le Nouveau Testament une seule figure à honorer ? Pilate, le gouverneur romain[1]. »

Heureux Ponce Pilate qui trouve, après deux mille ans de discrédit, un philosophe pour le soutenir dans

---

1. *L'Antéchrist*, § 46.

son rôle et sa fonction ! Imaginons un instant la réaction des philistins prussiens contemporains de Nietzsche à la lecture de cette phrase... Regardons encore sur le visage de nos modernes christianophiles combien le blasphème est grand. Heureux Judas l'Iscariote aux trente deniers devenu aide de camp du préfet de Judée ! Les voilà tous deux figures emblématiques du combat mené par Nietzsche contre les *contempteurs du corps* et les *araignées à croix*.

Rien d'autre, donc, à sauver dans le fatras des textes du Nouveau Testament, sinon le fonctionnaire qui abandonne au peuple le destin du Nazaréen. C'est peu. Comment d'ailleurs est-il possible de trouver son chemin – celui qui mène à la Volonté de puissance – quand on déambule dans pareil labyrinthe où se côtoient des pêcheurs bredouilles, des collecteurs d'impôts sceptiques, des charpentiers et des pharisiens innocents, des prostituées parfumées ou des zélotes confondus ?

Le philosophe au marteau ne peut, en effet, trouver d'amis dans cette cour des miracles où l'on s'évertue à tuer la chair, mépriser le corps, immerger les fidèles dans l'eau ou pallier par des miracles les défauts de boulangerie. Nietzsche aurait bien quelque sympathie pour le Jésus des marchands du temple, celui des imprécations contre son temps. Le penseur inactuel aurait pu le séduire. De même l'ironiste ou le critique de la tradition. Gageons qu'il aurait pu même éprouver quelque sympathie pour l'homme capable d'endosser avec cette force et cette persuasion le manteau d'un Diogène en Palestine.

Mais rien n'est plus étranger à Nietzsche que les arguments de Jésus : l'art retors du symbole et de la métaphore (que d'aucuns prennent au sérieux dans son *Zarathoustra* alors qu'il n'est question que d'une suprême ironie, froide et toute d'acier). Rien n'est plus insupportable, aussi, que cette folie de la négation de la vie, que cet enthousiasme délirant et fanatique pour la mort et les odeurs de tombe dont Jésus ne cesse de faire preuve. Le Christ est la figure symptomatique de l'idéal ascétique, du renoncement et de la haine de la vie. À ce titre, il ne saurait être question d'un territoire d'entente entre Dionysos et le Crucifié. Chacun son combat – deux univers en négatif l'un de l'autre.

Derrière la doctrine chrétienne, Nietzsche n'a cessé de percevoir « l'hostilité à la vie, la répugnance rageuse et vindicative pour la vie elle-même. [...] Le christianisme fut dès l'origine essentiellement et radicalement, satiété et dégoût de la vie pour la vie, qui se dissimulent, se déguisent seulement sous le travesti de la foi en une autre vie, en une vie meilleure. La haine du monde, l'anathème aux passions, la peur de la beauté et de la volupté, un au-delà futur inventé pour mieux dénigrer le présent, au fond, un désir de néant, de mort et de repos jusqu'au sabbat des sabbats. » Tout ceci est signe de nihilisme, de pauvreté et d'indigence. La religion chrétienne est « la forme la plus inquiétante d'une volonté d'anéantissement, tout au moins un signe de grave état maladif, de lassitude, de découragement, d'appauvrissement de la vie[1] ».

Le nihilisme commence avec la volonté de faire triompher les valeurs de négation sur les valeurs d'affirmation. Historiquement, la décadence et le début du nihilisme coïncident : la période est celle de la première transmutation. Dès qu'il fut question de soupçonner la vie, la décomposition se mit à l'œuvre : haine de soi, mépris de la vie purent s'incarner dans le christianisme après cristallisation dans les mailles du judaïsme aussi bien que de la philosophie postsocratique.

En bon platonicien, le christianisme dévalorise les choses prochaines pour leur préférer les choses lointaines : préférences d'arrière mondes illusoires au détriment du seul réel qui soit, obsession d'un devenir mythique et d'un avenir irénique, oubli de l'instant. Jésus s'est fait la figure archétypale de la mort : sa vie n'est qu'une longue succession d'approbations de la mort jusque dans ses formes les plus paradoxales. Le Nazaréen est un attentat contre la vie, un support de peurs et de dégoûts mélangés pour le sens de la terre. Le christianisme fixe les effluves qui émanent des idéologies du renoncement – platonisme, certes mais aussi premier stoïcisme et autres ascèses antiques.

La chair est définitivement morte avec Jésus. Fin, avec lui, de toute possibilité hédoniste, de tout souvenir cyrénaïque. Le corps ne mérite que souverain mépris,

---

[1]. Nietzsche, *L'Origine de la tragédie*, Mercure de France, 1947, p. 12.

négligence attentive. Le dualisme du corps et de l'âme est porté à son paroxysme. La rhétorique aidant, la chair réelle – lymphe et sang, graisse et peau – est remplacée par le corps glorieux. Toute pratique chrétienne se devra d'être purification, au sens plotinien, ascèse susceptible d'assurer l'éternité à l'âme sous forme d'un corps sans matière, sans forme, sans dimension et sans devenir. Illusion suprême du dépassement d'un dualisme alors qu'il n'est question que d'un oubli de la chair.

Deux millénaires s'approprieront cette obsession : mettre à mort le corps, la chair, les passions et les sensations. Deux mille ans efficaces qui sanctifient la précellence de l'effort vers plus d'âme et moins de corps. La croix devient le seul lieu possible de béatitude : cilices et macérations mentales, le christianisme est l'instrument de torture des chairs. Comment mieux dire le goût pour le néant et le dégoût pour la vie ?

Dans *L'Antéchrist*, Nietzsche précise : « La notion chrétienne de Dieu [...] est une des notions de Dieu les plus infectées auxquelles on soit parvenu sur terre ; elle représente sans doute l'étiage dans l'évolution déchirante du type divin. Dieu dégénéré en contradiction de la vie, au lieu d'en être la transfiguration et le oui éternel ! Avoir, moyennant Dieu, ouvert les hostilités contre la vie, la nature, la volonté de vie ! Dieu, la formule de chaque diffamation de l'ici-bas, de chaque mensonge de l'au-delà ! En Dieu, le néant divinisé, la volonté de néant sanctifiée[1]. » La religion du Christ est donc la forme la plus récente prise par les idiosyncrasies du renoncement et de l'étouffement de la volonté de puissance. Avant le culte du crucifié, le judaïsme incarnait l'argument des forces de l'impuissance. D'où la critique conjointe chez Nietzsche du judaïsme et du christianisme sous le vocable de judéo-chrétien.

Il faut, sur ce sujet, prendre le temps de disperser les malentendus les plus tenaces sur la pensée – sans ambiguïtés – de Nietzsche concernant la question juive. Un puissant contresens, amplifié par des détractions multiples, fait de Nietzsche un penseur antisémite, sinon récupérable par cette engeance. L'énorme distorsion provoquée par sa sœur n'est évidemment pas pour peu dans cette affaire. De sa parente Nietzsche avait une vision lucide. On le sait, Élisabeth Judas-Förster – comme la nomme Georges Bataille[2] – entretint avec le chancelier du Reich des relations des plus amicales : cadeaux, collaborations, visites, rencontres. De plus, elle fit de Hitler le promoteur de la Grande politique attendue par son frère – Hitler en Zarathoustra ! Toutes les falsifications des textes dont elle se fit l'auxiliaire seraient longues à détailler. Toujours est-il que Nietzsche dut souffrir longtemps – et il en souffre encore

---

**1.** *L'Antéchrist*, § 18. **2.** Georges Bataille, n° 1, « Nietzsche et les fascistes », *Acéphale*, 21 janvier 1937. Voir aussi in *Œuvres complètes*, « Nietzsche et les fascistes », t. XI. Voir aussi H. F. Peters, *Nietzsche et sa sœur Élisabeth*, Mercure de France, 1978.

aux yeux des sots et des imbéciles – d'une réputation de penseur sulfureux, précurseur du IIIe Reich, pré-nazi donc.

Pour rendre justice à Friedrich contre Élisabeth, quelques détails : lorsque cette dernière épouse Bernard Förster, l'un des plus actifs militants antisémites de son temps – il ira même, avec elle, créer une communauté aryenne au Paraguay – Nietzsche écrira clairement son désaccord : « Ton mariage avec un chef antisémite exprime pour toute ma façon d'être un éloignement qui m'emplit toujours de rancœur... Car, vois-tu bien [...] c'est pour moi une question d'honneur que d'observer envers l'antisémitisme une attitude sans équivoque : à savoir l'opposition [...]. Ma répulsion pour ce parti est aussi prononcée que possible[1]. »

Une seconde remarque permet de mesurer l'intransigeance de Nietzsche sur cette question : ses premiers textes ont été publiés chez E. W. Fritzsch, l'éditeur de Richard Wagner. Suite à sa brouille avec le compositeur, suite également aux difficultés financières de Fritzsch, Nietzsche se trouve quelque temps sans éditeur pour ses *Considérations inactuelles*. Un jeune personnage qui vient de créer son entreprise d'imprimerie lui propose d'éditer les livraisons d'intempestives à venir. Schmeitzer avait mis en avant son goût pour les travaux du philosophe.

---

**1.** Nietzsche, *Correspondance générale*, « Lettre à sa sœur », 26 décembre 1887, Gallimard, 1986.

Pour espérer un peu d'argent, le filon antisémite – alors en vogue – est porteur : dès lors Schmeitzer s'engage dans l'édition de livres militants. Mis devant le fait accompli, Nietzsche désavoue cet éditeur. Dans une lettre à Overbeck, il écrit : « La dernière entreprise de Schmeitzer – son projet de publier des textes antisémites – me répugne ; je suis irrité qu'il ne m'en ait pas touché le moindre mot[1]. » Après pareille décision, Nietzsche ne retrouvera pas d'éditeur. Toute son œuvre sera désormais publiée à ses frais…

Outre une farouche opposition pratique à l'antisémitisme, Nietzsche développe une critique théorique des thèses de son beau-frère et des siens. Dans un paragraphe synthétique sur ce sujet, il confesse toute sa sympathie pour le peuple persécuté, errant et sans patrie. Il dit sa proximité avec leur douleur : « En Europe, ils ont traversé une école de dix-huit siècles, comme il n'a été donné à aucun peuple de la subir, et cela de façon à ce que ce ne soit non pas sa communauté, mais d'autant plus l'individu à quoi profitent les expériences de cet épouvantable temps d'épreuves. La conséquence de tout cela c'est que les Juifs actuels ont en eux d'extraordinaires ressources d'âme et d'esprit. » Nietzsche leur prête des qualités de sang-froid, de ténacité, de ruse, de courage et d'héroïsme. « Ils ont tous, poursuit-il, la liberté d'esprit et de cœur qu'apportent à l'homme les changements fréquents de lieu, de climat,

---

[1] *Id.*, « À Overbeck », 22 juin 1880.

de mœurs des voisins et des oppresseurs, ils possèdent, et de loin, l'expérience la plus vaste de toutes les relations humaines et ils conservent même dans la passion l'usage de la prudence née de ces expériences[1]. » Le reste de l'aphorisme est à l'avenant. Ailleurs, il invite même au métissage Juifs-Prussiens afin de produire une génération forte et intelligente, puissante et rusée.

Comment donc expliquer qu'on ait pu faire de pareil homme un antisémite auteur de phrases assassines sur les Juifs ? Tout simplement parce qu'il est facile – sa sœur en fera la première la démonstration – de confondre et d'assimiler les Juifs comme figures emblématiques du monothéisme ascétique, du renoncement et de la négation de la Volonté de puissance avec les Juifs entendus comme issus de cet ancien peuple et devenus, dans la Prusse du siècle industriel, les banquiers, les financiers, les tisserands, les drapiers ou les intellectuels. Les Juifs fustigés dans *L'Antéchrist* sont les religieux qui critiquent les valeurs ascendantes : le peuple de la première alchimie éthique, celui qui a remplacé les valeurs issues du consentement à la volonté de puissance par la négation de la vie.

Ainsi peut-on comprendre des phrases qui, écrites ou citées dans un autre contexte ne pourraient que faire frémir. Par exemple, lorsqu'il précise que les Juifs sont le peuple le plus funeste de l'histoire du monde[2]... Dans ce cas, si l'on peut faire des Juifs un

---

**1.** *Aurore*, § 205.     **2.** *L'Antéchrist*, § 24.

peuple maudit, c'est en tant que responsable de la mort des morales aristocratiques et créateur des morales plébéiennes du ressentiment. Les Juifs ont subverti les forces naturelles et positives et magnifié le grouillement des fausses valeurs – faiblesse, douceur, timidité, compassion. Funeste, ce peuple ne peut l'être réellement mais philosophiquement, parce qu'il a parié pour le renoncement contre la grande santé, pour un non mortifère, contre le oui vital.

Lues avec un œil non philosophique, ces considérations pourraient être terribles. L'antisémitisme politique – du type Förster et Schmeitzer, celui qui débouchera sur l'antisémitisme d'État du nazisme – déclenche toujours l'hostilité de Nietzsche. L'opposition nietzschéenne au peuple juif se fait uniquement sur les valeurs éthiques. Dans le paragraphe 251 de *Par-delà le bien et le mal*, on trouve même un éloge du métissage avec les Juifs, un salut à la pureté, à la vigueur et à la résistance juives : « Tout penseur qui se sent responsable de l'avenir de l'Europe devra, dans les plans qu'il ébauche pour cet avenir, compter avec les Juifs et avec les Russes comme avec les deux facteurs les plus sûrs et les plus probables de ce grand jeu, du grand conflit des forces. »

Nietzsche continue en affirmant que, s'ils le voulaient, les Juifs auraient les moyens d'avoir l'Europe à portée de main : « Il est clair qu'ils n'y visent pas et ne font pas de projets en ce sens. Pour le moment, ce qu'ils veulent et souhaitent, et même avec une certaine insistance, c'est de se laisser absorber et dissoudre dans l'Europe et par l'Europe ; ils aspirent à trouver le lieu où ils puissent se fixer, se faire reconnaître et respecter, mettre enfin un terme à leur vie nomade de Juif errant. On devrait bien tenir compte de cette aspiration, de cette tendance, où s'exprime peut-être une certaine atténuation des instincts ; on devrait la favoriser. C'est pourquoi il serait peut-être utile et légitime d'expulser du pays les braillards antisémites[1]. » Faut-il d'autres citations ?

La critique nietzschéenne du judéo-christianisme est donc critique des forces qui ont pris en charge les puissances de l'idéal ascétique : le judaïsme, puis le catholicisme et le protestantisme, mais aussi, plus tard, le bouddhisme et ses surgeons philosophiques, la philosophie de Schopenhauer. Enfin, préoccupé d'éradiquer toutes les formes prises par le renoncement, et débordant la religion, Nietzsche attaquera, pour les mettre en pièces, les idéologies, les politiques soucieuses des mêmes vertus décadentes. Le judaïsme n'est qu'un moment – originel, certes, mais moment malgré tout – de cette grande histoire du non à la vie, de la négation de la Volonté de puissance.

À l'articulation de ces moments, on trouve quelques hommes qui prennent en charge, sous des aspects faussement révolutionnaires, les modifications formelles qui donnent l'impression de révolutions de fond. Entre le judaïsme et le christianisme, on rencontre Paul de Tarse,

---

**1.** *Par-delà le bien et le mal*, § 251.

Paul le fanatique, le converti aussi rude dans ses convictions avant qu'après sa rencontre avec la pensée de Jésus. Entre le catholicisme et le protestantisme, il y a eu Luther et Calvin.

Nietzsche n'aime guère ces hommes de la pensée réactive. Du premier, le converti de Tarse, il écrit : « Paul, la haine Tchandala faite chair, génie, dressée contre Rome, contre le monde, le Juif, le Juif errant par excellence... Ce qu'il décela, c'était le moyen de se servir d'une petite secte chrétienne en marge du judaïsme pour déclencher la conflagration du monde, le moyen d'utiliser le symbole Dieu sur la croix pour concentrer en une force monstrueuse tout ce qui gît dans les fonds, tous les courants d'agitation secrets, tout l'héritage des machinations anarchistes à l'intérieur de l'Empire[1]. » Avec Paul, le nihilisme promu par les Juifs retrouve une santé nouvelle. En se grimant, il se donne les moyens de durer. Sous des formes différentes, une fin identique était poursuivie : la promotion des forces de mort.

L'étrange alchimie impliquait la promotion des vertus négatives : pitié, compassion, amour du prochain, d'où l'aristocratisation des faibles, des malvenus, des indigents et des pauvres. D'où également l'apologie de toutes les figures de la faiblesse : l'aveugle et le paralytique, le pestiféré et le malade, le passif et le soumis. Avec Paul, la cour des miracles arrive aux champs ély-

---

1. *L'Antéchrist*, § 58.

séens. Autour de lui s'est développée la caste sacerdotale remplie de prêtres, d'apôtres et de Pères de l'Église nouvelle. Pasteurs et théologiens se sont faits les agents démultiplicateurs des forces nihilistes.

De cette caste sont sorties des paroles qui se sont imposées comme lois et vérités : disqualification de la chair, du plaisir, des sens, des passions, de la jouissance, mépris du corps, de la vie, des instincts, anathèmes contre l'ivresse, l'orgiaque et l'énergie. Préférences pour l'esprit, l'âme, la mort, l'ataraxie, la continence, la chasteté, la rétention, le renoncement. Éloge du tombeau et de la paix des cercueils, apologie de la putréfaction comme idéal. Charité, espérance et pitié constituent les vertus nouvelles : vertus de la faiblesse et de l'instinct décadent, vertus du défaut vital dont les racines plongent dans le goût pour la mort.

Nietzsche ne tergiverse pas. Pour lui : « Le christianisme fut à ce jour la plus grande catastrophe de l'humanité. » Il poursuit : « Nous autres qui avons le courage de la santé et aussi du mépris, combien nous pouvons, nous, mépriser une religion qui enseigna l'incompréhension du corps ! Qui ne démord pas de la superstition de l'âme qui fait un mérite de l'insuffisance alimentaire ! Qui combat dans la santé une espèce d'ennemi, de diable, de séduction ! Qui s'est inculqué que dans un cadavre de corps on pourrait promener une âme parfaite et qui eut donc besoin de mettre au point une nouvelle notion de la perfection un être blafard, morbide, crétino-exalté, la soi-disant sainteté – sainteté, symptôme elle-même d'un corps appauvri, privé de nerf, incurablement corrompu[1] ! »

## *L'anti-politique ou de la triple sottise*

Autant que des récupérations racistes, Nietzsche eut à souffrir de son usage politique par tel ou tel – on songe évidemment à Hitler, mais aussi à Mussolini qui fut en son temps traducteur de Schopenhauer et qui connaissait assez bien la pensée allemande... Or rien n'est plus impensable que l'usage de Nietzsche à des fins de politique politiciennes. S'il n'existe pas chez lui un projet manifeste pour une société ou un alignement sur telle ou telle politique de son temps, c'est tout simplement parce qu'il exècre le domaine de la gestion des choses nationales. Son effort vise d'autres contrées.

En penseur lucide, il sait toute l'improbable efficacité de l'action engagée et militante. Très tôt – et c'est une phrase qu'il faut sans cesse conserver présente à l'esprit pour comprendre le sens de ses textes dits politiques –, il écrit : « Toute philosophie qui croit écarter ou même résoudre à l'aide d'un événement politique le problème de l'existence, n'est qu'une caricature et un succédané de la philosophie. Comment une innovation politique

---

[1]. *L'Antéchrist*, § 51.

suffirait-elle à faire des hommes, une fois pour toutes, les heureux habitants de la terre[1] ? »

Nietzsche sait que, dans ce domaine où les gens se battent pour décider du rempierrage des chemins ou de l'éclairage public, on ne peut trouver que des personnages falots. Anodins et préoccupés de billevesées, les hommes politiques incarnent les figures de l'accessoire transformées en gravité. Rien n'est plus convaincu du sérieux de ses tâches que le politicien qui, par un arrêté signé de sa main, décide du jour de marché. Fort de ce savoir, Nietzsche invite « à se garder purs de toute la souillure inhérente à toute action politique[2] ».

Plus démonstratif, il écrit dans *Aurore* : « Toutes les situations politiques et économiques ne méritent pas que les esprits précisément les plus doués soient autorisés et contraints à s'en préoccuper : un tel gaspillage d'esprit est au fond pire qu'un état de misère extrême. Ce domaine d'activité est et demeure celui des esprits médiocres, et d'autres que les esprits médiocres ne devraient pas se mettre au service de ces ateliers : mieux vaudrait que la machine volât en éclats une fois de plus ! »

En philosophe soucieux des choses de l'intelligence, du savoir et de la culture, Nietzsche s'insurge contre la débauche de compétences exigée par la politique : « Mettre la société à l'abri des voleurs et de l'incendie, la rendre infiniment commode pour le trajet et les

---

**1.** Nietzsche, *Considérations intempestives*, III, Aubier, Éd. Montaigne, 1954, p. 63.   **2.** *Par-delà le bien et le mal*, § 61.

transports de toutes sortes et transformer l'État en une Providence – au bon et au mauvais sens – ce sont là des buts inférieurs, médiocres et nullement indispensables, on ne devrait pas tendre avec les moyens et les outils les plus nobles qui soient au monde – les moyens qu'il faudrait précisément mettre en réserve pour les fins les plus nobles et les plus exceptionnelles[1]. » Quand on est l'homme des hautes cimes et des espaces hyperboréens, on ne se préoccupe pas de basse-cour.

Bien que décidé à prendre des distances avec ces questions, Nietzsche n'en est pour autant pas moins l'auteur des imprécations les plus violentes et les plus lucides contre ce qui fonde la triple alliance et la triple entente – triple sottise en même temps – de tous les régimes politiques quels qu'en soient les couleurs : Travail, Famille, Patrie. Une lecture de Lénine et de Pétain, de Jaurès et de Barrès, de Marx et de Maurras confirme cette idée : devant ces trois principes, le sacrifice du personnel politique est intégral. Chacun dans ses formes et avec ses raisons, chacun selon ses dogmes et ses mots d'ordre, mais le consensus demeure. Pire, les moins enthousiastes, lorsqu'ils sont parvenus au pouvoir, se font les adorateurs de ces divinités stupides. Quel nom pourrait-on mobiliser en contre-exemple ? Aucun.

Sur ce point, Nietzsche est loin devant tous ces révo-

---

**1.** *Aurore*, § 179.

lutionnaires de gala, tous ces pourfendeurs obsédés de pouvoir. Puisque son propos n'est pas le trône – ni la pourpre – le philosophe peut bien parler comme un homme libre peut seul se le permettre : le Travail est une contrainte, la Famille une façon de conjurer la solitude et la pénurie sexuelle, la Patrie une rhétorique de belliqueux incultes.

Dans un aphorisme tout de précision et d'intelligence, Nietzsche entreprend une généalogie du travail et conclut à son utilité policière au service des hommes de pouvoir : « Le travail constitue la meilleure des polices [...], il tient chacun en bride et s'entend à entraver puissamment le développement de la raison, des désirs, du goût de l'indépendance. Car il consume une extraordinaire quantité de force nerveuse et la soustrait à la réflexion, à la méditation, à la rêverie, aux soucis, à l'amour et à la haine, il présente constamment à la vue un but mesquin et assure des satisfactions faciles et régulières. Ainsi, une société où l'on travaille dur en permanence aura davantage de sécurité[1]. »

Pour les besoins de l'analyse, Nietzsche renoue avec son souci philologique : l'étymologie signale en effet une parenté du mot travail et du terme latin *tripalium*, instrument de torture. En même temps qu'il fait sourdre son sens primitif des entrailles du terme, il inaugure une méthode – chère à Remy de Gourmont qui la dévelop-

---

**1.** *Aurore*, § 173.

pera – d'investigation de type *dissociation d'idées*. Le lieu commun veut qu'on associe le travail à la vertu, le labeur à la grandeur – voire, pire, le travail à la métaphysique : « Le travail rend libre. » Nietzsche voit, au contraire, dans le travail la réalité dure et brutale de l'aliénation et de la rétention des forces vitales.

L'idée nietzschéenne est puissante puisqu'elle instille une charge monstrueuse de dynamite dans les interstices des morceaux majeurs de la civilisation. Le travail perçu comme une souffrance, comme une instance de gardiennage et de dressage débouche sur une lecture résolument antinomique entre l'individu et la société. Nietzsche n'épargne pas les bourgeois de son temps, ni les capitalistes de son époque puisqu'il poursuit son analyse de façon plus concrète, invitant à voir dans « la division du travail [...] le principe de la barbarie[1] », n'hésitant pas à écrire que « la machine broie les os des ouvriers[2] » puis précisant : « Les mots d'usine, de marché du travail, d'offre et de demande, de productivité [relèvent] du jargon des négriers et des employeurs[3]. »

Dans une page explicite, Nietzsche dit tout ce qui le sépare du socialisme – sans mentionner le nom. Il s'oppose au fait que les ouvriers pourraient devenir une classe prépondérante : en Europe, ils continueraient de travailler de la même manière, mais accéderaient au

---

[1]. Nietzsche, *La Naissance de la tragédie*, « Idées » Gallimard, 1977, p. 296.    [2]. Nietzsche, *Considérations inactuelles*, I, Aubier-Montaigne, 1954, p. 83.    [3]. *Id.*, p. 317.

pouvoir de façon indirecte par des représentants. Nietzsche ne croit pas qu'on accède à la liberté avec des représentants, mais plutôt lorsque l'on s'est décidé d'être – l'expression est du philosophe – « l'impossible classe ».

« Je ne saurais rien dire de mieux – écrit-il – aux ouvriers esclaves de l'usine : à supposer qu'ils ne ressentent pas en général comme une honte d'être utilisés, comme c'est le cas, en tant que rouages d'une machine, et pour ainsi dire, comme un bouche-trou pour les lacunes de l'esprit humain d'invention. Fi ! Croire que l'on pourrait remédier par un salaire plus élevé à l'essentiel de leur détresse, je veux dire leur asservissement impersonnel ! Fi ! Se laisser persuader que grâce à un accroissement de cette impersonnalité, à l'intérieur de la machinerie d'une société nouvelle, la honte de l'esclavage pourrait devenir vertu ! Fi ! Avoir un prix auquel on cesse d'être une personne pour devenir un rouage ! Êtes-vous complices, poursuit-il, de la folie actuelle des nations qui ne pensent qu'à produire le plus possible et à s'enrichir le plus possible. »

Nietzsche dit toute la supercherie du socialisme qui propose des solutions pour demain qui n'arrivent jamais et permettent – en auxiliaires efficaces du pouvoir – de faire durer la situation, d'installer le *statu quo*. Il invite à fuir le plus possible tout ce qui entrave la liberté, l'autonomie et l'indépendance. Il propose la fuite, l'émigration, n'importe quoi plutôt que continuer à subir la pression du travail, des machines et de l'impératif de rentabilité.

Puis il conclut : « Les ouvriers, en Europe, devraient déclarer désormais qu'ils sont une impossibilité humaine en tant que classe[1]. » Essaimez, désertez, faites-vous résistants et dites votre refus d'une alternative entre l'esclavage pour l'État ou pour un Parti révolutionnaire. Soyez par-delà droite et gauche, vous-mêmes. Voilà ce à quoi Nietzsche exhorte. Ailleurs, il déplore la rapidité des temps modernes, leur sacrifice aux dieux de la rentabilité et de l'efficacité. Il songe aux temps bénis où l'*otium*, le loisir et le désœuvrement étaient des œuvres d'art du quotidien, des logiques intégrées dans tout un art de vivre aujourd'hui disparu[2].

Imagine-t-on Marx signant pareilles pages ? Lui qui ne voyait que par le culte du travailleur soudé à sa machine, enfin propriétaire – par le Parti interposé – de la fonderie ou de la mine dans laquelle il continue toutefois de maltraiter son corps, sa santé et son temps. Penser le travail comme l'une des modalités de l'aliénation n'est pas le souci du socialisme qui préfère se soucier de la spoliation de l'avoir que du massacre de l'être. Avec Marx, l'homme, devenu de manière homéopathique propriétaire de son outil, continuera à mourir, jour après jour, tout en se faisant serviteur docile des nouveaux dieux de l'ère industrielle...

L'aune à laquelle Nietzsche mesure la liberté est le temps pendant lequel chacun dispose d'un libre usage

---

1. *Aurore*, § 206.   2. *Le Gai Savoir*, IV, 329 et I, 40.

de lui-même. Ainsi « tous les hommes se divisent, et en tous temps et de nos jours, en esclaves et libres ; car celui qui n'a pas les deux tiers de sa journée pour lui-même est esclave, qu'il soit d'ailleurs ce qu'il veut : marchand, politique, fonctionnaire, érudit[1] ». Où l'on retrouve Diogène et sa lanterne, libre, se riant de Krupp et de ses aciéries.

Dans l'esprit de Nietzsche, la Famille n'est pas plus que le Travail une vertu. Cristallisation grégaire et instrument des impuissants incapables d'assumer la solitude et l'indépendance, la Famille est fondée par le Mariage et continuée dans la Procréation. Du mariage, Nietzsche écrit qu'il n'est qu'une façon utile, mais méprisable, de conjurer toutes les angoisses enracinées dans le manque et la pénurie : il ne s'appuie pas sur l'amour – contrairement à ce que l'usage véhicule – mais (nouvel exemple d'une dissociation d'idées) « sur l'instinct sexuel, l'instinct de propriété [...], sur l'instinct de domination, qui ne cesse d'organiser la famille, la plus petite unité de domination, et qui a besoin d'enfants et d'héritiers afin de maintenir, physiologiquement aussi, la somme acquise de puissance, d'influence, de richesse, afin de préparer des tâches de longue haleine [...]. Le mariage moderne a perdu son sens – par conséquent, on l'abolit[2] ».

Pour remplacer cette vieille institution, Nietzsche

---

**1.** *Humain, trop humain*, § 283.    **2.** *Crépuscule des idoles*, p. 128.

était plutôt partisan de promouvoir des expériences singulières du type stirnérien : association d'égoïstes, petites communautés contractuelles défaites des obligations éternitaires et limitées aux consentements individuels. « Dans la période de crise, marquée entre autre par l'insignifiance du mariage, ce que nous pouvons faire de mieux [...] – écrit-il dans *Aurore* – c'est d'être autant que possible nos propres règles et de fonder de petits États expérimentaux. Nous sommes des expériences : soyons-le de bon gré[1]. » Sa vie durant, d'ailleurs, Nietzsche cherchera des partenaires pour une expérience de ce type. Personne n'y consentira. Les hommes et femmes pressentis – parmi ses plus proches amis – préférant sacrifier « au préjugé monogamique[2] »...

Opposé au mariage, Nietzsche est plutôt circonspect quant à l'engendrement. Paternité et maternité engagent trop pour faire un enfant à la légère. À moins d'être certain d'y trouver un argument pour tendre vers le surhumain, les géniteurs n'ont guère de raison de sacrifier au rite préhistorique. À un interlocuteur imaginaire, Zarathoustra demande : « Es-tu quelqu'un qui de vouloir un enfant ait le droit ? Es-tu le victorieux, le dominateur de soi, le maître des sens, le seigneur de tes vertus ? Ainsi je t'interroge. Ou ce qui parle en ton désir est-il la bête ou le besoin ? Ou bien la solitude ? Ou l'insatisfaction de soi[3] ? » Voici les termes de l'alterna-

---

1. *Aurore*, § 453.   2. *Le Gai Savoir*, § 363.   3. *Ainsi parlait Zarathoustra*, p. 92.

tive : réfléchir et n'avoir pas d'enfants ou ne pas penser et payer son tribut à l'instinct et à l'espèce.

Enfin, la Patrie n'est pas la moindre des cibles du philosophe qui vit dans une Prusse obsédée par l'unité et la grandeur nationales, les conquêtes et la suprématie. Rien n'est plus étranger à l'esprit de Nietzsche que ces désirs grégaires, collectifs et nationaux. Il a connu le feu lors de la guerre de 1870 sous l'uniforme de brancardier. De retour dans son pays, il assiste à des triomphes qui l'horripilent. Dans sa première *Considération inactuelle*, il écrit toute sa haine pour la joie belliqueuse. Bien que victorieuse du conflit, Nietzsche transforme la Prusse en grande perdante : en effet, elle se vautre dans la facilité, le bruit et la fureur, elle croit aux vertus militaires et au rôle ordalique des armes, sa logique est celle des philistins et des barbares. En revanche, la France est le pays de l'intelligence et de la culture – seuls lieux de la victoire.

La francophilie nietzschéenne ne fait pas de mystère. Toujours il préférera Bizet à Wagner, Maupassant à Schiller, Helvétius à Hegel. Il aime la légèreté, le soleil et déplore les brumes du nord ou la lourdeur germanique. De bonne heure, il devient apatride, voyageant dans de nombreux pays d'Europe – Italie, France, Suisse, Autriche, Allemagne –, désirant la Tunisie ou le Pérou – changer de continents –, aussi bien que le Japon. Homme de tous les pays et d'aucuns, Nietzsche sait la puissance du sans-patrie, son ouverture et sa culture. Il sait également la fermeture et la petitesse des nationaux, leur racisme et leur xénophobie.

Sa condamnation du Nationalisme et du Patriotisme est sans ambages : « Un peuple qui souffre et veut souffrir de la fièvre nerveuse du nationalisme et de l'ambition patriotique aura l'esprit traversé de nuages et de perturbations de toutes sortes, bref de courts accès de stupidité[1]. » La solitude, l'errance offrent les seules solutions : la grande et salutaire migration. « Ne pas se lier à une personne, fût-ce la mieux aimée : toute personne est une prison, et un recoin d'ombre aussi. Ne pas se lier à une patrie, fût-ce la plus meurtrie et la plus indigente[2]. » Plus les politiques sont étroites et nationales, plus la médiocrité est au rendez-vous. Il faut combattre « la maladie et la déraison la plus destructrice de culture qui soit, le nationalisme, cette névrose nationale, dont l'Europe est malade, perpétuant la division de l'Europe en petits États, la petite politique de clocher[3] ».

La solution ne réside pas dans l'approbation de ces forces de repliement, mais dans la volonté d'ouverture. La figure de proue de cette évasion est l'apatride argument vivant contre « la haine raciale » et « l'infection nationaliste » qui fracturent les civilisations et les cultures. Nietzsche exprime son intempestivité en la matière : « Nous sommes trop désinvoltes pour cela (le nationalisme, le patriotisme), trop malicieux, trop gâtés,

1. *Par-delà le bien et le mal*, § 251.  2. *Id.*, § 41.  3. *Ecce homo*, p. 136.

mais aussi trop avertis, nous avons trop voyagé : nous préférons de beaucoup vivre sur les montagnes, à l'écart, inactuels, dans des siècles passés ou à venir[1]. »

Délibérément et définitivement impropre à servir quelque cause politique que ce soit, Nietzsche se fait le critique des idées fausses et fixes de nos civilisations en perdition. En demeurant la conscience claire et lucide qui prend parfois – et aussi – pour objets les choses de la politique, le philosophe incarne la grandeur de la tâche cynique. C'est aussi dans cet ordre d'idée que, dans telle page autobiographique, Nietzsche se présente comme « le dernier allemand anti-politique[2] ».

## *Anatomie du socialisme*

Décidé à ne rien épargner de son temps et des idoles de la modernité, Nietzsche s'en prend également au socialisme. Le nom de Marx est absent dans toute son œuvre. Mais il n'est pas sans savoir que quelques personnages épris des idées de 1789 illustrent le socialisme et sa place de choix dans le siècle de la Révolution industrielle. En 1880, soucieux de s'informer, Nietzsche demande son catalogue à une librairie socialiste de Zürich. Ainsi, il reçoit une liste des textes alors publiés dans le camp de la Première et de la Deuxième Internationale.

---

1. *Le Gai Savoir*, § 377.   2. *Ecce homo*, p. 20.

Immédiatement, Nietzsche perçoit le socialisme comme une forme nouvelle de l'idéal ascétique. Parent du christianisme, l'idéologie égalitaire est associée aux vieilles lunes du renoncement, du ressentiment et de la mauvaise conscience. Une bonne partie des analyses utiles pour comprendre la morale explique le phénomène socialiste. On peut même ajouter qu'il n'est pas sans rapport que la légère décrue du christianisme s'accompagne d'une crue du socialisme : les mêmes affects, la même logique, la même rhétorique anime les deux instances.

Communauté de buts : la résolution des conflits et des contradictions dans une étonnante béatitude ; communauté de présupposés : le monde est mauvais, malade, il faut le soigner, et c'est possible car le salut est pensable ; communauté d'essence : une immense volonté de ressentiment contre la vie et la puissance : christianisme et socialisme sont frères de sang. Tous deux participent aux mêmes forces de déclin et d'anémie. En fait, « ce sont les jugements de valeurs chrétiens que toute révolution ne fait que traduire en sang et en crime[1] » : pitié, compassion, sympathie et amour du prochain.

Le XXe siècle donne raison à Nietzsche et prouve l'étendue de sa lucidité : les deux logiques du ressentiment auront leurs textes sacrés, leurs papes, leurs dieux et leurs messies, leurs orthodoxies et leurs Conciles, leurs Inquisitions et leurs États, leurs Prêtres et leurs

---

1. *L'Antéchrist*, § 43.

Pères fondateurs, leurs commentateurs autorisés et leurs excommuniés. Et l'on pourrait ainsi filer la métaphore jusqu'à faire étrangement coïncider christianisme et socialisme dans un même devenir : la perversion de principes généreux, mais utopiques, générant un pragmatisme cynique pourvoyeur de cimetières.

La Réforme et la Révolution française illustrent les deux sursauts de l'idéologie du ressentiment en perte de vitesse. À des époques proches, Luther et Calvin, Robespierre et Danton ont redonné force et puissance à une idiosyncrasie en décadence – celle de l'amour du prochain, de la fraternité, de la compassion pour les déshérités et les exclus. 1789 est un argument de la réaction religieuse : ce qui permet à Nietzsche d'écrire que « la Judée remporta une nouvelle victoire sur l'idéal classique avec la Révolution française[1] ».

Avec la décapitation de Louis XVI, le soulèvement des campagnes et la volonté d'associer la vérité politique et la plèbe, ce fut le triomphe des forces du nihilisme et du ressentiment. « Ce fut la Révolution française qui remit enfin et solennellement et sans réserve le sceptre au brave homme (au mouton, à l'âne, à l'oie, en un mot à tout ce qui est d'une irrémédiable platitude, à tout ce qui braille, qui est mûr pour la maison de fous des idées modernes[2]). » Une fois de plus la médiocrité quantitative prend l'avantage sur l'excellence qualitative. L'instinct grégaire remporte le combat contre la singularité aristo-

---

1. *La Généalogie de la morale*, 1, § 16.   2. *Le Gai Savoir*, § 350.

cratique. La morale des esclaves gagne à nouveau contre celle des forts. La puissance du nombre, l'ère des foules et l'époque des masses brisent pour quelques siècles les énergies subtiles dont le tort est d'être isolées et minoritaires.

Avec les hommes de 1789, le progrès trouve des apôtres et des croyants. Stupide idée au nom de laquelle les énergies sont gratuitement consumées. L'histoire n'a pas de sens – elle est insensée –, l'humanité n'a pas de fins, il n'y a pas de projet, ni de téléologie. Aucun optimisme n'est possible, c'est l'évidence. Et pourtant les esprits historiques, bien que dans l'erreur, marquent un point supplémentaire. Pour ces hommes abusés, il existe une mathématique du réel avec laquelle il est possible de construire l'avenir.

Condorcet fut l'un de ces amateurs d'algèbre sociale. Il fait partie de ces penseurs que Nietzsche décrit ainsi : « Le spectacle du passé les pousse vers l'avenir, les encourage à vivre, allume en eux l'espoir que la justice viendra, que le bonheur les attend au-delà de la montagne qu'ils vont gravir. Ces hommes historiques pensent que le sens de l'existence se dégage de mieux en mieux au cours de l'évolution, ils ne regardent en arrière que pour mieux comprendre le présent en considération de l'évolution antérieure. »

À ces esprits-là, férus d'espoir et d'optimisme, Nietzsche oppose les défenseurs de la sagesse tragique, ces hommes qui savent que « le passé et le présent sont une seule et même chose et que, malgré toute leur diversité, ils gardent l'unité profonde d'un même type et réalisent l'omniprésence de types indestructibles, présentant une structure stable d'une valeur invariable et d'une signification toujours identique[1] ». Prolégomènes aux visions de Sils et à l'accouchement de l'Éternel Retour. Nietzsche est bien le fils d'Héraclite...

Négateur des idées de progrès et de toute téléologie, analyste des impostures contenues dans les mots d'ordre de la Révolution française, Nietzsche s'attaque à la généalogie du sentiment socialiste. Pour mieux montrer leur parenté, il juxtapose les raisons chrétiennes et les raisons socialistes de persévérer dans leurs logiques compassionnelles. Le ressentiment anime Robespierre autant que Jésus.

Ces deux êtres voués, en apparence, à des combats différents, disposent d'une essence semblable : ils participent tous les deux d'une même volonté d'attenter aux forces positives de vie, à l'énergie et à la volonté de puissance pour mieux promouvoir l'idéal ascétique. « Ce sont tous hommes du ressentiment, ces disgraciés physiologiques, ces vermoulus, il y a là une puissance frémissante de vengeance souterraine, insatiable, inépuisable dans ses explosions contre les heureux, ingénieux dans les travestissements de la vengeance, dans les prétextes à exercer la vengeance[2]. »

Avec eux, la santé devient une maladie, la vigueur et la vitalité des tares dont il faut s'excuser. La puissance

---

1. *Considérations intempestives*, II, pp. 217-219.   2. *La Généalogie de la morale*, III, § 14.

est une nuisance. Dès lors, il faut faire amende honorable, se dépouiller de ses vertus, les transfigurer en défauts. On préfère la pitié à l'énergie, la compassion à la force, la sympathie ou l'amour du prochain – nouvellement baptisés fraternité – à l'aristocratie existentielle. Ces nouvelles vertus remplacent la puissance. Les médiocres et les faibles, les exclus et les marginaux deviennent une fois encore les producteurs de normes. On écoute leurs doléances, on amplifie leurs jalousies, on donne écho à leurs revendications. Leurs désirs idiosyncrasiques deviennent des réalités politiques.

Dans toute plainte on trouve toujours une subtile dose de vengeance : « À ceux qui sont faits autrement, on reproche son propre mal-être, ou, le cas échéant, sa bassesse, comme une injustice, comme s'ils jouissaient d'un privilège illicite. [...] Une telle logique suffit à faire les révolutions. Les doléances ne valent rien ; elles sont dictées par la faiblesse[1]. » Incapables d'assumer leur propre impuissance, les déshérités se font mesquins et fielleux, ils concentrent leurs mécontentements sur les autres qu'ils chargent de toutes leurs récriminations. Les riches, les bourgeois, les réactionnaires, les capitalistes deviennent les occasions de ressentiments multiples.

En fait, « quand le chrétien condamne, dénigre, salit le monde, il le fait par le même instinct qui pousse l'ouvrier socialiste à condamner, dénigrer, salir la société. Le

---

1. *Crépuscule des idoles*, p. 115.

jugement dernier même est encore la douce consolation qu'attend l'esprit de vengeance, la Révolution telle que l'ouvrier socialiste l'espère, seulement repoussée à un peu plus tard... L'au-delà même... à quoi bon un l'au-delà, si ce n'était là un moyen de salir notre l'en-deçà[1] ? »

Éternel retour des choses, ce qui s'est passé avec le christianisme se passera avec le socialisme. Le devenir de l'un renseigne sur le devenir de l'autre. Fort de cette leçon, Nietzsche dresse le portrait du socialisme à venir et donne, à moins d'un siècle de distance, une image saisissante de perspicacité. Tout comme le philosophe écrivait dans sa troisième *Considération intempestive* : « Qu'on se rappelle ce qu'il est advenu du christianisme sous la tutelle égoïste de l'État[2]. » Nous pourrions écrire aujourd'hui : qu'on se rappelle ce qu'il est advenu du socialisme sous la tutelle égoïste de l'État...

Et il suffirait de lire tel aphorisme de Nietzsche pour avoir la réponse : « Le socialisme est le fantastique frère cadet du despotisme presque défunt, dont il veut recueillir l'héritage ; ses efforts sont donc, au sens le plus profond, réactionnaire. Car il désire une plénitude de puissance de l'État telle que le despotisme seul ne l'a jamais eue, même il dépasse tout ce que montre le passé, parce qu'il travaille à l'anéantissement formel de l'individu : c'est que celui-ci lui apparaît comme un luxe injustifiable de la nature, qui doit être par lui

---

**1.** *Crépuscule des idoles*, p. 115.  **2.** *Considérations intempestives*, III, p. 105.

corrigé en un organe utile de la communauté. » Il poursuit en démontrant qu'ayant fait fi des assises religieuses, le socialisme se devra de durer par la terreur, sous peine de périr : « C'est pourquoi il [...] enfonce aux masses à demi cultivées, comme un clou dans la tête, le mot de justice afin de leur enlever toute intelligence[1]. » Terrible lucidité !

---

1. *Humain, trop humain*, § 473.

## DEUXIÈME PARTIE

## La grande santé

CINQ FIGURES POUR DES AURORES
QUI N'ONT PAS LUI

## *Portrait du surhomme*

Effrayant surhomme ! Il a valu à Nietzsche nombre de malentendus au cours du XXe siècle. Dans une ère de sang et de violences, de guerres et de camps, de projets d'extermination et de génocides, le surhomme est souvent perçu comme la figure emblématique de l'horreur : du tortionnaire à l'officier nazi, du terroriste au cynique pervers qui porte à son paroxysme la cruauté et la destruction. Pourtant, rien ne sent moins la poudre ni le sang que le surhomme nietzschéen. S'il est cruel, c'est uniquement sur le terrain philosophique parce qu'il est sans concession à l'égard du réel.

Le surhomme est à la conjonction de l'éthique nouvelle et de toute possibilité de modernité. Dieu est mort et avec lui toutes les mythologies des arrière-mondes – liberté, vérité, sens et téléologie. Zarathoustra – la personnification du surhumain –, est le portrait d'une possibilité, la trace d'une ouverture et d'une modernité authentique. Pour saisir sa nature complexe, parce que subtile, traçons des droites qui, en leur point de section font émerger l'axe de la pensée nietzschéenne. Ces droites sont celles de l'Amor Fati, de l'Oubli et de l'Instant. Loin des considérations mesquines qui installent le surhomme dans les cavernes politiques ou sociologiques.

Le surhomme n'a rien à voir avec la biologie ou la science guerrière, ni avec l'héroïsme ou la sainteté : il n'est pas le produit rêvé et attendu par le jeu des logiques darwiniennes ou des rhétoriques génétiques d'une sélection des races et des individualités supérieures ! Rien n'est plus étranger à l'esprit de Nietzsche que de subordonner son surhomme aux trouvailles d'un homme de science. Trop peu croyant pour pratiquer ce genre d'inféodation, Nietzsche installe la figure de Zarathoustra sur le terrain de la philosophie entendue comme volonté d'une sagesse, d'une discipline et d'une ascèse immanente.

Pour saisir le surhomme de l'extérieur, précisons qu'il est le contraire, si ce n'est la contradiction, de l'homme du ressentiment. Le surhomme est le grand affirmateur là où le second est perpétuel négateur. L'un est concentration de forces positives, d'énergie et de consentements ; l'autre, le creuset où se mélangent les boues les plus putrides : idéal ascétique, renoncement et discrédit de la vie. Le surhomme aime l'existence, il est un argument pour la volonté de puissance et les tensions qui l'habitent. L'homme du ressentiment déteste la vie, il en a peur, il hait le corps, les énergies qui le parcourent. L'allégresse, la maîtrise et le bonheur sont du côté du premier quand le second subit le poids du réel et l'abandon aveugle aux forces de la décadence. Zarathoustra et Dionysos contre Bouddha et le Crucifié. Le vin et l'ivresse contre l'éponge de vinaigre et le fiel. Santé ou maladie.

Dans la hiérarchie du réel, le surhomme occupe la place supérieure. Dans l'échelle des forces, la base est minérale, végétale et animale. Les singes habitent les mêmes endroits que les hommes de l'idéal ascétique. Embourbés dans l'innocence, ils se font les contempteurs du corps et de la vie par mimétisme. Leur logique est justement le désir de ressembler aux autres, d'être les autres, comme les autres. Leur leitmotiv ? La ressemblance et le conformisme. Leur loi ? L'instinct grégaire. Hommes de peu, figures de l'unidimensionnalité, ils se satisfont d'une existence d'héliotrope – fascination pour le commun et la reproduction.

Au-dessus de cette tourbe se trouvent les degrés les plus élaborés de la hiérarchie : les créateurs, les volontaires, ceux qui marquent le monde de traits et de traces, les figures qui impriment au réel des balafres comme autant de repères pour une évolution. L'œuvre est leur souci. Parmi eux, on rencontre les conquérants ou les fondateurs d'Empires, les grandes individualités de la Renaissance, les monstres de la littérature ou de la composition musicale, les donneurs de formes au marbre ou à l'histoire, aux sons ou aux États. Ces hommes sont des prémisses du surhomme, ils laissent pressentir ce que pourrait être un Zarathoustra incarné.

Les individus entravés par l'idéal ascétique restent aux degrés inférieurs de la hiérarchie. Mais, imaginons-les libérés des fascinations et hypothèses de l'arrière monde, consentants à la vie et affirmateurs de leurs forces, pensons-les fervents d'affirmation et de grande santé : alors nous disposons d'une esquisse du surhumain. Christophe Colomb et Michel-Ange, Beethoven et Napoléon.

Nietzsche fait rendre l'âme aux fictions de la tradition occidentale : depuis lui, on sait que l'homme est seul, sans Dieu, soumis au fatum, sans liberté, uniquement composé de forces et d'énergies, qu'il est tourbillonnant dans un univers insensé et situé par-delà les dualismes. Le monisme nietzschéen invite à un dépassement de cette vieille figure rendue caduque par son travail au marteau.

La fin de cette rhétorique à l'usage des foules et de la tradition est enseignée par Zarathoustra descendu, pour ce faire, de sa montagne : « Tous êtres jusqu'ici par-dessus eux, au-delà d'eux créèrent quelque chose ; et de ce grand flux vous voulez être, n'est-ce pas ? Le reflux, et plutôt que de surmonter l'homme encore vous préférez revenir à la bête ! Qu'est le singe pour l'homme ? Un éclat de rire ou une honte qui fait mal. Et tel doit être l'homme pour le surhomme : un éclat de rire ou une honte qui fait mal. Du ver de terre vous cheminâtes jusques à l'homme, et grandement encore avez en vous du ver de terre[1]. » Le surhomme dispose du sens de la terre, il est fidèle aux choses prochaines. Avec Nietzsche, Dieu est mort et enterré – Dieu et toutes ses figures sociologiques, politiques ou métaphysiques. Dans la foulée, il s'agit de mettre le feu à leurs vieilles niches.

L'aliénation est morte : son principe était la coupure entre une partie de soi et une autre. La vision du monde de Nietzsche interdit cette fracture entretenue par tous les dualismes. Fin du corps opposé à l'âme, fin d'un monde terrestre séparé d'un monde céleste : les deux moments présentés comme opposés sont mêmes. Fin de l'automutilation par laquelle chaque homme hypostasiait puis idéalisait un fragment de lui pour en faire un Dieu devant lequel se prosterner. L'avènement du surhomme signe la réconciliation de l'homme avec lui-même. Seul et authentique humanisme : ce surhumanisme qui fait de la vie la seule vérité qui soit.

« Jadis, écrit Nietzsche, l'outrage contre Dieu fut l'outrage le plus grand, mais Dieu est mort, et avec lui moururent aussi ses outrageurs. Faire outrage à la terre est maintenant le plus terrible[2]. » Nietzsche se fait le contempteur des contempteurs. Le surhomme est l'expression d'une retrouvaille par-delà l'ancestrale schizophrénie. Enfin la philosophie s'occupe de choses prochaines, vraies, réelles. Zarathoustra est le danseur

---

**1.** *Ainsi parlait Zarathoustra*, « Prologue », § 3.   **2.** *Ibid.*

venu des montagnes, il fait honte à l'esprit lourd et aux vaticinations pesantes. L'allégresse est de mise.

Foyer de modernité parce que pourfendeur de plus de vingt siècles de pensée répétitive, Zarathoustra est constitué de qualités supérieures. Parmi les traits qui contribuent au portrait, il en est un qui marque résolument la distance avec l'homme du ressentiment. Le surhomme porte au plus haut point la faculté d'oublier. Souverain quant à la mémoire, le surhomme fait son deuil de tout souvenir qui entrave l'action et l'acquiescement. L'oubli est la condition de possibilité de toute rénovation : il autorise le dépassement de ce qui encombre la progression des vertus authentiques.

Avec l'oubli, le surhomme travaille à une virginité nécessaire, il outrepasse les illusions et invite à la plus grande des disponibilités : « Fermer de temps en temps les portes et les fenêtres de la conscience ; demeurer insensibles au bruit et à la lutte que le monde souterrain des organes à notre service pour s'entraider ou s'entre-détruire ; faire silence, un peu, faire table rase dans notre conscience pour qu'il y ait place pour les choses nouvelles, et en particulier pour les fonctions et les fonctionnaires plus nobles, pour gouverner, pour prévoir, pour pressentir […]. – Voilà, je le répète, le rôle de la faculté active d'oubli, une sorte de gardienne, de surveillante chargée de maintenir l'ordre psychique, la tranquillité[1]. »

---

1. *Généalogie de la morale*, II, 1.

Avec une arme aussi redoutable, le surhomme peut se consacrer à son obsession : l'instant. Ni homme de passé – le ressentiment et le désir de réaction le dévoreraient –, ni homme de futur – il serait voué aux vertus optimistes et téléologiques auxquelles sacrifient les faibles –, le surhomme vit dans le plus pur immédiat. Il répugne à la futurition aussi bien qu'au ressassement. Habituellement ceux qui évoluent dans l'espoir ou le regret font de leur vie un vaste champ d'utopie ou un calvaire, ils oublient l'essentiel, à savoir qu'il n'existe que succession d'instants bruts et triomphants.

Le temps nietzschéen est toutefois celui des tragiques – réminiscence d'Héraclite ou de Schopenhauer. Et l'on débouche sur la deuxième ligne de force tracée par Nietzsche. L'oubli est à mettre en parallèle avec l'intuition de l'Éternel Retour. L'idée est ancienne. Une généalogie ne s'impose pas. Point commun à tous ceux qui affirment le caractère cyclique de l'histoire. Des physiciens ont essayé de fonder scientifiquement la nature répétitive du monde, de l'univers ! Le problème n'est pas là.

Nietzsche en appelle à l'intuition et à l'œil averti qui reconnaît dans l'histoire une permanence des thèmes, des thèses et des acteurs. S'il est certain que le réel est Éternel Retour, il l'est dans l'essentiel. L'accessoire et les formes dans lesquelles il s'exprime sont sujets à disparition. Imprégné de pensée bouddhiste, Schopenhauer avait déjà dit le cycle éternel et immuable. Jamais il n'aurait cependant affirmé la répétition point par point du monde dans lequel il vivait. Soutenir une infinité de fois sa thèse avec Hegel au jury, frapper indéfiniment avec sa canne la tête de sa voisine, passer commande régulièrement pour le masque mortuaire de son chien, jamais il n'aurait affirmé que cela fut pensable, ni même possible. En revanche, il affirmait l'éternité et l'éternel retour de l'inquiétude, de la violence ou de la compassion, instances motrices des actions précitées. Nietzsche reste fidèle à son maître sur ce point. Point d'éternel retour du détail, mais répétition sans fin de l'essence de ces détails : la Volonté de puissance.

D'un pur point de vue de l'histoire des idées, ajoutons que ce moment de la théorie nietzschéenne relève plus de la vision et de l'inspiration, du sentiment et de l'impression que de la vérité physique. Le philosophe n'a cessé de s'interroger sur le contenu de cette sublime intuition sans parvenir à lui donner une forme – ni une formulation définitive. Voir les *Fragments posthumes*. Quoi qu'il en soit, il semble qu'il faille retenir l'idée selon laquelle – relativement à son monisme –, une seule cause, la Volonté de puissance, produit les mêmes effets.

Dans cette optique, savoir et pouvoir soutenir du regard l'hypothèse de l'éternel retour, c'est se résoudre à l'évidence : l'éternelle tyrannie de la Volonté de puissance, sa perpétuelle rhétorique de production du réel, sa logique séminale du monde. Avec cette idée, Nietzsche pose le fondement d'une éthique nouvelle : devant chaque dilemme, au moment de chaque hésitation, lorsqu'un choix s'impose, préférons ce que l'on souhaiterait voir se répéter sans cesse. Le surhomme élit une fois ce qu'il voudrait connaître toujours. La nature cyclique du réel implique qu'on charge du maximum de vouloir et de désir l'acte préféré. Principe pratique de morale : vouloir, dans l'élection, l'indéfinie reproduction.

Résumons : les deux qualités premières du surhomme sont la faculté d'oublier et celle d'assumer la loi de l'éternel retour. Poursuivons : une troisième qualité corrobore et complète les deux traits. Le surhomme sait au plus haut point acquiescer à ce qui réapparaît. Théorie nietzschéenne de première importance : celle de l'Amor Fati, entendue comme la logique d'un sur-stoïcisme, d'une volonté supérieure d'ataraxie.

Contre les pensées de la négation et du ressentiment, contre les versions de l'idéal ascétique, la philosophie nietzschéenne milite pour l'acceptation et le consentement joyeux au monde. Nietzsche fonde ainsi son gai savoir, son eudémonisme, sa pensée de la joie, de l'allégresse ou de la béatitude. Cet idéal – celui de la grande santé – est décrit par lui comme « celui de l'homme le plus impulsif, le plus vivant, le plus consentant à l'univers, qui non seulement a appris à s'accommoder de tout ce qui a été et de tout ce qui est, et à le supporter, mais qui souhaite revoir toutes choses telles qu'elles sont, pour toute l'éternité ; celui qui insatiablement adresse un *da capo* non seulement à lui-même, mais à la pièce et au spectacle entier, non seulement au spectacle, mais au fond à l'Être qui a besoin de ce spectacle et le rend nécessaire[1] ».

1. *Par-delà le bien et le mal*, § 56.

L'Amor Fati est donc le principe ultime du consentement à l'affirmation, de la volonté du retour du sensé et de l'insensé, du hasard et de la nécessité, des fleuves malpropres et des guerres, de la paix et des souffrances, de la douleur et des paradoxes. À ce point de jonction, on voit apparaître une figure d'une puissante singularité : « Un tel esprit libéré apparaît au centre de l'univers, dans un fatalisme heureux et confiant, avec la foi qu'il n'y a de condamnable que ce qui existe isolément, et que, dans l'ensemble, tout se résout et s'affirme. Il ne nie plus... Mais une telle foi est la plus haute de toutes les fois possibles. Je l'ai baptisée du nom de Dionysos[1]. »

Ailleurs – Georges Bataille s'en souviendra –, Nietzsche décrit la vie placée sous le signe de Dionysos : une existence zarathoustrienne. Oublieux et lucidement consentant aux évidences nouvelles, le surhomme supprime toute possibilité de pessimisme. Il veut bien plutôt parvenir à l'extrême opposé : l'affirmation dionysiaque de l'univers tel qu'il est, sans possibilité de soustraction, d'exception ou de choix ; il veut le cycle éternel : les mêmes choses, la même logique ou le même illogisme des enchaînements.

« État suprême auquel puisse atteindre un philosophe : une attitude dionysiaque en face de l'existence ; ma formule pour cela c'est amor fati. Cela implique que les aspects jusqu'alors niés de l'existence soient conçus,

---

**1.** *Crépuscule des idoles*, pp. 141-142.

non seulement comme nécessaires, mais comme désirables ; et désirables non seulement par rapport aux aspects jusqu'alors affirmés (dont ils sont le complément ou la condition), mais pour eux-mêmes, parce que ce sont les aspects les plus puissants, les plus féconds, les plus vrais de l'existence, ceux dans lesquels s'exprime le mieux sa volonté[1]. »

Avec pareils développements, on peut comprendre la signification de l'invitation nietzschéenne à devenir ce que l'on est. Devenir ce que l'on est, c'est vouloir le vouloir qui nous veut, comprendre qu'il n'existe de liberté que dans la nécessité, qu'il n'y a de choix possible que dans l'acceptation de l'évidence. Consentir à l'impérieux, c'est faire de nécessité vertu et s'expérimenter liberté. Toute rébellion est insensée, toute révolte impuissante. Le seul oui possible concerne la Volonté de puissance.

Le surhomme n'est donc pas ce fou furieux qui détruit et sème feu et batailles derrière lui. Il n'est pas un ferment de mort, ni l'ange de la décomposition. Au contraire. Tous ceux qui, jusqu'alors s'en sont réclamés n'en ont été que les caricatures, les imitations pitoyables et dangereuses. Rien dans tout cela ne présente un danger pour la civilisation et les hommes du commun. Au contraire, le cheminement du surhomme est familier des cimes et des solitudes, loin des rumeurs de ville et des passions grégaires.

---

[1]. *La Volonté de puissance*, t. II, « Introduction », § 14.

Zarathoustra est donc le philosophe de l'ascèse dure et cruelle, d'une dureté et d'une cruauté n'ayant pour objet que le sage lui-même. Le surhomme est trop subtil pour que quiconque porte casque et bottes puisse s'en réclamer. Figure de quiétude et de grande maîtrise, le surhomme est l'être qui sait sa volonté seulement libre d'acquiescer au déterminisme qui la caractérise : lorsqu'un homme comprend cette rhétorique tragique, il saisit le sens du surhumain. Le sens de *Zarathoustra* réside dans cette sagesse désespérée : vouloir ce que veut la volonté. Le fin mot de la sagesse tragique.

## *De la bonne cruauté*

Nietzsche n'aime pas les concepts, ni les définitions. Rien n'est plus étranger à sa façon que de circonscrire une notion, d'en donner les acceptations ou d'en préciser le sens. C'est à la fois ce qui permet le charme d'un texte comme *Ainsi parlait Zarathoustra*, mais c'est en même temps la cause de nombre de malentendus et de mésinterprétations. Une lecture sommaire, peu soucieuse de la cohérence de l'œuvre complète, et assez peu familière du ton nietzschéen, est susceptible d'achopper contre telle ou telle page où il est question de « guerre », de « cruauté », sinon de « bête fauve, brute et blonde ». Nietzsche se moquait d'une présentation didactique et méthodique de son œuvre. Ainsi, lire les passages qui concernent la question de l'Éternel Retour ou celle du

Surhomme se fait aussi bien sur le mode lyrique que sur le mode poétique.

Les pourfendeurs du discours nietzschéen ne manquent pas de s'engouffrer dans pareilles brèches. Et très tôt. La Première Guerre mondiale, puis la Deuxième, voient se multiplier les lectures obliques de Nietzsche. Le philosophe se trouve ainsi transformé en militariste outrancier, en thuriféraire du nationalisme belliqueux, tout simplement parce qu'il écrit telle ou telle phrase vantant les mérites de la guerre ou des vertus militaires. Or le Surhomme constitue l'antinomie du soldat comme sujet d'une armée.

Le Surhomme est l'expression du consentement joyeux au monde, il aime la vie et l'affirme ; pour sa part, le militaire sème la mort et affirme les valeurs de la décadence. Nietzsche pense que « le critère de la vérité réside dans l'intensification du sentiment de la puissance[1] ». Est vrai ce qui autorise expansion et dépense de l'énergie ; et faux tout ce qui l'entrave et invite au défaut. Au contraire, le guerrier qui œuvre pour le compte d'une armée ne connaît de raison que le feu et la poudre, les armes et la destruction.

Dans *Ecce homo*, le philosophe écrit au plus près de la lucidité cruelle, il use des instruments les plus acérés, des pointes les plus aiguës. De son aveu même, il utilise la dynamite et compare ses textes à de terrifiants explosifs appelés à perpétrer l'attentat le plus révolutionnaire

---

1. *La Volonté de puissance*, t. II, L, 3, § 629.

jamais mené contre plus de vingt siècles de décadence et de morale serve. Ces lignes magnifient des apologies de la guerre qu'on trouve ailleurs dans toute son œuvre. Or, chaque fois, Nietzsche recourt à une métaphore : « C'est la guerre, écrit-il, mais sans poudre et sans fumée, sans gesticulations martiales, sans pathos et sans membres rompus – car tout cela serait encore de l'idéalisme[1]. »

Même remarque avec ses éloges de la cruauté. Par précaution, distinguons une cruauté réactive et une cruauté active – celle de la débilité, celle de la santé. Le tortionnaire et le terroriste, le légionnaire et le délinquant relèvent de la première ; le Surhomme de la seconde. Une analyse précise et respectueuse des textes permet de voir – notamment dans *La Généalogie de la morale* – combien le ressentiment fait l'objet d'une perpétuelle réprobation. Quiconque s'en fait l'instrument devient l'auxiliaire de l'idéal ascétique. Dans l'optique du Surhomme, la cruauté définit la vertu de lucidité portée à son paroxysme – un genre de cynisme exacerbé.

L'analyse nietzschéenne débusque la cruauté partout où elle niche. Aucun lieu n'est épargné. Elle est aussi bien « dans l'extase de la croix » que « chez l'ouvrier parisien qui a la passion des révolutions sanglantes ». On la trouve également dans la métaphysique, la religion et la philosophie. Elle existe enfin dans la pitié ou la compassion : « La qualité de la volupté qu'éprouve de

---

1. *Ecce homo*, p. 91.

tout temps celui qui pratique le désintéressement, l'abnégation, le sacrifice de soi, cette volupté est de la même essence que la cruauté. » Ou encore : « Le plaisir de faire souffrir, parce que cela apporte un accroissement de la sensation de puissance ; d'autant plus grand qu'une diminution l'a précédé, par exemple dans la vengeance. Le plaisir de faire du bien repose sur un fondement analogue – et la magnanimité est une vengeance sublimée, donc un très grand plaisir[1]. » L'aiguillon de l'idéal ascétique, de l'obsession à détruire, à adorer – tout cela relève de la cruauté.

De même, la volonté de savoir est tout entière appareillée à cette racine subtile – « dans toute volonté de connaître, il y a au moins une goutte de cruauté[2] ». Au cœur même de la lucidité et de ce qui veut la vie, la cruauté est déchirement et éviscération, dépouillement et grattage. Son ordre est la mise à nu de l'os, du nerf et de la moelle. Ce en quoi Nietzsche reste fidèle à son souci des textes de jeunesse comme *Le Livre du philosophe* : chercher un remède au monde, poser le problème de l'existence en terme de santé et quérir un médecin de la civilisation.

Quoi qu'il en fût du monde, la cruauté a toujours diffusé et imprégné. Elle a suinté et giclé, aussi bien qu'exsudé. La vouloir ou pas ne rime à rien : elle est. Fait brut et réalité incontournable, c'est avec elle qu'il

---

**1.** *La Généalogie de la morale*, § 16-18 et *La Volonté de puissance*, t. I., L, 2, § 411.  **2.** *Par-delà le bien et le mal*, § 229.

faut déchiffrer le réel et compter pour la transmutation des valeurs. En bon philologue, Nietzsche met le terme en rapport avec le cru, le sanguinolent ou bien celui qui aime le sang. Ce que veut le philosophe ? Atteindre le liquide séminal actif dans les choses, le monde et le réel.

La cruauté consiste à vouloir la Volonté de puissance, à désirer le nécessaire, à aimer l'infaillible. Elle suppose consentir à ce qui ne peut pas ne pas être. Seul le mensonge cristallisé en métaphysique ou en religion peut donner l'illusion qu'il en va autrement. Mais il ne s'agit que d'une illusion. Être cruel, c'est dire la nature bovaryque de cette erreur, le caractère trompeur et mythique de ces hypothèses d'arrière-monde. Vouloir le vouloir, voilà toute la cruauté souhaitée par Nietzsche.

Ainsi, lorsque dans *La Volonté de puissance* il énumère les passions affirmatives, Nietzsche isole « l'orgueil, la joie, la santé, l'amour sexuel, l'hostilité et la guerre, le respect, les beaux gestes, les belles manières, la volonté forte, la haute discipline intellectuelle, la volonté de puissance, la reconnaissance envers la terre et la vie, tout ce qui est riche et veut donner, tout ce qui fait des dons à la vie, la dore, l'éternise et la divinise, toute la puissance des vertus qui transfigurent, tout ce qui approuve, affirme, dit oui en paroles et en actes[1] ».

Comment inclure dans cette logique le meurtre, le viol ou le crime ? Les pillages, le bellicisme des militaires ou

---

1. *La Volonté de puissance*, t. II, L, 4, § 360.

les horreurs nazies ? Où trouver un Oui à la vie dans les exactions et les génocides ? Quelles vertus dionysiaques et affirmatives dans les chambres à gaz, les barbelés et les crématoires ? Vertus descendantes, excroissances du ressentiment et tératologie de l'idéal ascétique – voilà ce qui hante ces degrés de l'abject.

Le tueur montre qu'il est habité par le ressentiment, qu'il est conduit, mené, guidé par les forces de la vengeance, non par celles de la légèreté hyperboréenne. Du point de vue de la volonté de puissance, le criminel est un faible, un malade, un débile ou un esclave. Son impuissance à assumer ce monde le mène vers la vendetta, la solution des minables. Rien n'est plus étranger à la Volonté de puissance qui consent aux forces vitales et non mortifères – Éros, non Thanatos.

Le sacrificateur aux idéaux de la mort est habité par l'urgence de la sublimation. Il est le jouet d'une constellation de malpropretés. Impurs et traversés par les miasmes du désir de prendre une revanche, le criminel, le tueur, le pillard, le violeur sont mus par le contraire de la Volonté de puissance – une Volonté d'impuissance pourrait-on dire. Une faiblesse à l'œuvre, un aveu d'incapacité à être autrement que par la négation de l'être, une misère essentielle – les vertus décadentes.

À l'inverse du malade, le Surhomme doté de la grande santé est affirmateur. La vie est son repère. Il se veut et se fait le maître de lui-même, agent des forces actives – non réactives –, de construction – et non de destruction. Pour figurer cette puissance à l'œuvre en chacun de nous, Nietzsche use d'images qui, presque un siècle après, ne cessent de faire problème. Car elles servent à ses détracteurs, trop heureux de trouver matière à condamnation.

Ainsi du trop fameux passage de *La Généalogie de la morale* dans lequel le philosophe célèbre « la superbe brute blonde rôdant en quête de proie et de carnage[1] ». La métaphore est lourde de sens, surtout si, après le nazisme, on identifie l'aryen nietzschéen – propriétaire de lui-même, habité par les forces actives et affirmatives, figure poétique – à celui que vante le IIIe Reich, emblème de construction raciale. L'aryen de Nietzsche est le Maître d'avant la première transvaluation de valeurs qui, en pleine santé, affirme sa vie et ignore les effets pervers du ressentiment, de l'idéal ascétique et des logiques du mépris de la terre. L'aryen de Hitler est le contraire du premier : c'est celui de la haine et de la vengeance – un esclave, un homme du renoncement et de l'abnégation.

Cette bête fauve est l'image lyrique de la cruauté nécessaire à toute entreprise désireuse de révolutionner et de renverser les vieilles valeurs. Le Surhomme nietzschéen est cruel car il oublie ; le Nazi est cruel parce qu'il se souvient avec amertume et violence. Le Nazi est un sous-homme dans l'esprit nietzschéen, un instrument des forces négatives, du ressentiment, du nihilisme et des vertus décadentes.

Pour nous en rendre compte, lisons ce texte de *La Généalogie de la morale* dans lequel Nietzsche fustige

---

1. *La Généalogie de la morale*, I, 11.

les antisémites : « On ne s'étonnera pas que, précisément dans ces milieux, des tentatives soient faites [...] pour sanctifier la vengeance sous le nom de justice [...] et pour mettre en honneur, avec la vengeance, l'ensemble de toutes les émotions réactives[1]. » Contre la cruauté des esclaves, tournée vers le passé, le souvenir, Nietzsche veut la cruauté du Surhomme, du Maître qui sait oublier et s'est fait une vertu d'effacer les traces et la mémoire de ce qui rappelle la négation, l'oubli de soi et le sacrifice aux forces de l'automutilation. Être impassible et savoir prendre distance et hauteur, voilà, aux yeux de Nietzsche les prémisses du surhumain.

Aux faibles avec leur mesquinerie vengeresse, le philosophe préfère les forts et leur sur-stoïcisme – Amor Fati est leur règle, car ils savent l'Éternel Retour. Il effectue le portrait d'un idéal de la raison auquel il ne croit guère, trop averti et trop lucide. Mais voici ce que serait le Surhomme libéré des entraves de la servitude – rien à voir avec un éloge du Luger : « Lorsqu'il arrive réellement que l'homme juste reste juste même envers celui qui l'a lésé [...] ; lorsque, même sous l'assaut des offenses personnelles, des insultes, des soupçons, il conserve inaltérable l'objectivité haute, claire, profonde et tendre à la fois, de son regard juste et qui juge, eh bien ! alors il nous faudra reconnaître quelque chose comme la perfection incarnée, comme la plus haute maîtrise sur terre[2]. » Impassibilité, caractère hautain, le

---

**1.** *Id.*, II, 11.    **2.** *Id.*, II, 11.

Surhomme demeure sur les cimes, il porte à leur paroxysme les vertus stoïciennes et connaît véritablement l'ataraxie.

À plusieurs endroits significatifs, Nietzsche dit même son désaveu des entreprises où la cruauté est utilisée à des fins pédagogiques et collectives – pour fonder et constituer une mémoire. Il déplore l'usage réactif de la cruauté dans les supplices, les martyres, les sacrifices sanglants, les holocaustes – le mot est de lui –, les mutilations ou les rituels religieux qui font couler l'hémoglobine. La cruauté d'un vrai sang – et non d'un liquide poétique et métaphorique –, celui que font couler les soudards et les militaires, les criminels et les hommes du rang, c'est une cruauté asservie aux instincts les plus bas, les plus vils.

Avec *Zarathoustra*, on accède à la vérité nietzschéenne sur le sujet. Dans une apostrophe visionnaire – que marxistes et chrétiens, nazis et fascistes l'entendent ! – le philosophe au serpent dit : « Empressés et criant, sur leur passerelle ils poussaient leur troupeau, comme si vers l'avenir il y eût une seule passerelle. En vérité, même ces pasteurs n'étaient encore que des ouailles [...]. De signes sanglants ils jalonnèrent la route qu'ils suivaient, et leur folie enseigna que par le sang se prouve la vérité. Or de la vérité le sang est le plus mauvais témoin ; le sang infecte la plus pure doctrine pour en faire un délire encore et une haine des cœurs. Et si pour sa doctrine quelqu'un se jette au feu – de quoi est-ce une preuve ? Meilleure preuve, en vérité, est que de son propre brasier vienne sa propre doctrine[1]. »

Comment mieux dire la collusion entre la cruauté voulue par Nietzsche et la tension existentielle vers un dépassement de soi-même, vers la création de soi comme d'un édifice sans double ? Peut-on dès lors mésestimer chez le philosophe qui fut aussi poète – voir entre autres lieux les *Dithyrambes à Dionysos* –, l'usage des images, des métaphores, des allégories qui enchantent le texte au risque d'interprétations erronées et radicalement antinomiques avec l'esprit de Nietzsche ?

## *Le pathos de la distance*

Nietzsche sait que le problème majeur de l'éthique, c'est celui de l'altérité. Rien n'entrave plus l'expansion des forces que d'autres forces. La cosmologie nietzschéenne est toute de nœuds, de rencontres et de brisures. Le jeu de subjectivités singulières ne peut que rencontrer le même trajet chez les autres. Aucune morale ne peut limiter ou contenir ces puissances en quête d'incarnations.

L'éthique nietzschéenne n'est pas normative – sur le mode kantien... – parce que le philosophe sait la

---

[1]. *Ainsi parlait Zarathoustra*, « Des prêtres ».

nature aveugle et impérative des désirs et des énergies. Il sait l'éternel retour de ces forces domiciliées dans les êtres. Vouloir l'impuissance du vouloir, c'est souhaiter l'impossible. Le réel est fait de cette évidence : il n'y a que fusées et fulgurances, zébrures et fragments. L'autre, c'est le même que moi : habité par le vouloir, rongé par la quête d'un territoire sur lequel exprimer ses abîmes, dire sa nature. Sa recherche de toujours plus de puissance se confond avec celle d'un maximum de jouissance, l'une étant d'ailleurs la condition de possibilité de l'autre. Dans cette polémique des volontés de puissance opposées, le conflit est de rigueur.

L'altérité, chez Nietzsche, se vit selon une double modalité : l'exclusion ou l'intégration. Dans l'immense écheveau parcouru par les singularités désœuvrées, mais soucieuses de plus de puissance, on peut isoler deux grands mouvements. Pour signifier ces deux grandes polarités, Nietzsche met en scène les catégories de Maître et d'Esclave. Bien mal lui en prit, car aux yeux des contempteurs de la vie, ces deux termes signifient le normatif alors que l'usage de ces deux concepts caractérise avant tout l'évidence d'un état de fait.

Du côté des Esclaves, on trouve la soumission aux règles et aux lois en vigueur, la passivité, la faiblesse et le défaut de volonté de puissance – ou tout du moins une volonté de puissance faible, sans grandeur. Ils sacrifient à l'idéal ascétique, à l'instinct grégaire et aux idéologies du ressentiment par impuissance à assumer leur débilité.

Les valeurs de la décadence et du nihilisme sont leurs étendards : renoncement, haine, mépris, désir de vengeance, le tout masqué sous des idéaux de compassion, de pitié et de sympathie, fraternité socialiste ou amour du prochain chrétien ! Leur jouissance n'a de sens que par l'obéissance.

Du côté des Maîtres, il y a la noblesse, la grandeur, la singularité et l'autonomie. Ceux-là créent les valeurs, leurs valeurs. Solitaires, ils cheminent de manière altière. La grande santé est leur vertu suprême : ils savent affirmer, dire oui à la vie, aux puissances qui les habitent et aux plaisirs qui les attendent. Leur force est expansive, ils veulent profiter de la vie, donner un sens à leur existence, faire de leur quotidien une œuvre d'art. Le Maître sait qu'il a un corps et le veut tel qu'il est, avec ses arcanes, ses mystères et ses promesses de bonheur.

D'un côté « le lâche, le timide, l'homme mesquin, celui qui ne songe qu'à la stricte utilité, […] l'homme méfiant, au regard fuyant, celui qui s'humilie, la canaille qui se laisse maltraiter, le mendiant obséquieux et par-dessus tout le menteur ». De l'autre, « l'aristocrate [qui] détermine lui-même ses valeurs, [qui] n'a pas à chercher l'approbation, [qui] juge. […]. Il a conscience que c'est lui qui confère de l'honneur aux choses, qui crée les valeurs. Tout ce qu'il trouve en soi, il l'honore ; une telle morale consiste dans la glorification de soi-même. Elle met au premier plan le sentiment de la plénitude, de la puissance qui veut déborder, le bien-être d'une haute tension interne, la conscience d'une richesse désireuse de donner et de se prodiguer[1] ». Le Maître donne, non par pitié ou compassion, mais par excès de force, débordement de vie. Ses objectifs ? Maîtrise de soi, rigueur et vigueur, noblesse et grandeur. Non pas commander, mais se gouverner.

Les figures de la maîtrise ne sont pas à chercher dans l'improbable ou l'idéal. À travers l'histoire, il a existé des emblèmes de la singularité et de l'autonomie. Ainsi le dandy ou le libertin, le cynique ou le samouraï, l'ariste de Georges Palante ou l'anarque d'Ernst Jünger. Songeons également aux hommes de la Renaissance et à leur désir de nouveaux continents théoriques. Pour ces instances exacerbées par les puissances de vie et d'affirmation, ni les lois extérieures ni le *nomos* transcendant n'existent. L'immanence règne : souci des choses prochaines et vérité des énergies du mouvement et de la vie.

L'un des traits de l'Esclave est son désir de conformité, sa volonté d'être du côté du nombre, de la masse et des groupes. Seul, il est perdu. Il veut la chaleur animale des troupeaux, les vapeurs de la concentration et du grégarisme. Le mimétisme, voilà sa qualité essentielle. Quand l'hyperboréen évolue dans la plus franche des altitudes, l'homme des foules croupit dans les bouges de l'unidimensionnalité.

Ces deux pôles isolés – maîtrise et servitude –, ima-

---

**1.** *Par-delà le bien et le mal*, § 260.

ginons tous les cas de figure, tous les types de relation possibles entre ces deux sphères. Du Maître vers l'Esclave, la relation est simple : compassion par excès de force, indifférence par nature ou regard d'aigle. Le Maître a pour précepte : « On n'a de devoirs qu'envers ses égaux, tandis qu'à l'égard des inférieurs et des étrangers on peut agir à sa guise ou comme le cœur vous en dit, en tout cas par-delà le bien et le mal[1]. » N'entendons pas par là que le Maître a toute licence sur l'Esclave. Il n'a de droits qu'en rapport avec sa Volonté de puissance. S'il en vient à manifester violence ou agressivité, il se contente de manifester du ressentiment. Sa cruauté est alors réactive. Elle le replonge immédiatement dans le camp des Esclaves conduits par la haine.

La qualité de Maître ou celle d'Esclave ne s'acquiert pas définitivement, elle se mérite. Il faut pour ce faire consentir à l'Éternel retour, pratiquer l'amour du destin, savoir rire et oublier, agir par excès de puissance et non par défaut. Or on agit par défaut de puissance lorsque l'on se laisse guider par des forces de vengeance, le signe distinctif de toute servitude – serf du ressentiment. La dialectique maîtrise-servitude est perpétuelle. Ce serait contraire à l'intuition nietzschéenne de voir se figer un Maître ou un Esclave dans son statut.

Le Maître évolue dans le registre du surhumain, il œuvre dans les sphères de la pure Volonté de puissance

1. *Ibid.*

à laquelle il sacrifie en y consentant. La Noblesse implique des devoirs, la grandeur suppose des servitudes : obéir à la vie, ne jamais dire oui à la mort et aux forces de mort (ressentiment, haine, vengeance, idéal ascétique et autres passions tristes pour le dire dans le vocabulaire spinoziste). Le Surhomme n'entretient de relation qu'avec les forces actives et vitales, sous peine de ne plus mériter ses qualités et de rétrograder au stade de serf.

De l'Esclave vers le Maître, il ne peut être question que de jalousie, de désir. Il veut saper la confiance en la vie et concentre toutes ses forces sur les idéaux nihilistes. Sa rhétorique est négatrice : pessimisme à l'égard du réel, mépris de l'affirmation, méfiance quant à la force. Il s'érige en modèle et transforme son impuissance et son incapacité à vivre en normes d'une morale construite à la mesure de ses faiblesses. À ses yeux, la figure du Maître fonctionne en emblème du négatif. Il en faut un repoussoir, un idéal à combattre. Ainsi, il décide par le jeu combiné des forces réactives qu'il existe une adéquation entre le Maître et le Mal.

Par ailleurs, il fait de la servitude l'idéal de sa raison malade. « L'esclave voit avec défaveur les vertus du puissant, il ressent du scepticisme et de la méfiance, une méfiance raffinée envers le bien qu'honore ce puissant ; il voudrait se persuader que le bonheur du puissant n'est pas réel. Inversement, il met au premier plan et en pleine lumière les qualités qui servent à alléger aux souffrants le fardeau de l'existence ; ce qu'il honore, quant à lui, c'est la pitié, la main complaisante et toujours ouverte, la bonté du cœur, la patience, l'assiduité, l'humilité, l'affabilité [...]. Une morale d'esclaves est essentiellement une morale de l'utilité[1]. » On devine sous le trait les chrétiens et leurs réactualisations politiques, les socialistes.

Entre eux, les Esclaves suivent les règles du troupeau : solidarité et fraternité, ailleurs et autrement nommés amour du prochain et compassion, pitié et camaraderie. Toutes leurs vertus sont celles du grégaire, du nombre et des foules. Crainte, peur, inquiétude et volonté de se venger les animent. Leurs sympathies sont réactives, ils souhaitent le grand jour du salut, ils attendent demain pour le bonheur, ils ne cessent de différer son heure pour mieux se complaire dans le malheur, la tristesse, la douleur ou l'exploitation. Ils ignorent l'instant et ne vivent que d'hiers associés aux paradis perdus et de demains pensés comme des moments de paix, de salut ou de résolution des conflits.

Leur univers est étroit, mesquin et fait le jeu des exploiteurs et des faux maîtres, de ceux qui usent de pouvoirs n'ayant rien à voir avec la tension ou l'ascèse proposées par Nietzsche. Entre eux, les Esclaves sont comme des animaux terrés dans l'attente d'une solution qui ne viendra pas pour la bonne raison qu'ils détiennent – et eux seuls – la résolution de leurs pro-

1. *Par-delà le bien et le mal*, § 260.

blèmes. Jaurès ne s'y était pas trompé, lui qui voyait dans le surhumain une potentialité à laquelle il suffirait de consentir. À défaut de consentement, les serfs vivent dans les plus plates perspectives.

Entre eux, les Maîtres réactualisent les vieilles valeurs et leur donnent un cachet neuf par la transmutation des valeurs. Parmi les Maîtres, les rapports sont de complicité et d'intelligence. Ils se reconnaissent comme affirmateurs préoccupés de singularité et de choses prochaines. Ainsi savent-ils faire l'usage qu'il convient de l'Amitié. Zarathoustra a la nostalgie de cette douce intersubjectivité qui mène aux œuvres surhumaines. Il sait toute la puissance contenue dans une relation sublimée où les vertus nobles ont le rôle principal – vertus actives, positives et affirmatives.

L'Ami pratique la Fidélité, la Pudeur, il sait et devine. Son rôle est propédeutique aux grandes tâches du dépassement et des nouvelles tables de valeurs : « Ce n'est pas le prochain que je vous enseigne, dit Zarathoustra, mais l'ami. Que l'ami soit pour vous la fête de la terre et un avant-goût du surhomme ! Je vous enseigne l'ami et son cœur débordant[1]. » L'éthique nietzschéenne est morale de la reconnaissance, de l'identité et non de la différence.

Nietzsche ose dire ce que tous pratiquent. Là encore, loin des préoccupations normatives, il décrit le réel, en

1. *Ainsi parlait Zarathoustra*, « De l'amour du prochain », p. 148.

fait la généalogie et en propose le descriptif le plus détaillé. Il ne souhaite ni ne condamne, il sait que les polarités isolées répondent à ces règles – la réunion des semblables, la cohésion du même, la fusion des identiques et la séparation du dissemblable, la dispersion des différents. Tout souci aristocratique est de fait à la base de nos comportements, car tous sont sélectifs et électifs. Seules les planètes identiques se rencontrent. Dans le cas contraire, on ne trouve que malentendus ou usages contre-nature. Le sens de la distinction est inné, il œuvre magistralement dans l'économie des intersubjectivités.

Descendu de la montagne, accompagné par son aigle et son serpent, Zarathoustra enseigne la domination de soi et dit : « Où que j'aie rencontré du vivant, là j'ai ouï également discours d'obéissance. Tout ce qui vit est obéissant. » Puis : « Reçoit commandement qui ne se peut à lui-même obéir. » L'obéissance résulte d'une incapacité à commander – ce à quoi tous aspirent. D'où le ressentiment de qui ne parvient pas à la maîtrise. Le défaut de pouvoir sur soi est la cause, la seule et unique cause, du défaut de pouvoir sur le monde, le réel.

Et Zarathoustra de poursuivre : « Où j'ai trouvé vivant, là j'ai trouvé volonté de puissance ; et même dans le vouloir du servant, j'ai trouvé le vouloir d'être maître. Qu'au service du plus fort se mette le plus faible, ce qui l'en persuade est son vouloir qui d'un plus faible encore se veut le maître : à cette seule envie il ne peut renoncer. Et de même qu'au grand se livre le petit afin d'avoir sur le plus petit et plaisir et puissance, ainsi se livre aussi le plus grand et, par amour de la puissance – risque sa vie[1]. »

On découvre ici des thèses intéressantes sur la jouissance dans la servitude volontaire. Dans le service et l'abnégation, on trouve, en germe et en puissance, l'orgueil et la maîtrise. Chacun se voit porteur d'une même volonté de puissance quant à l'essence, mais elle diffère dans l'intensité. Même par la fonction, elle se fait. Autre par le degré. Les élus, les Maîtres, sont ceux dans lesquels la Volonté de puissance est forte ; les oubliés, les Esclaves, ceux chez lesquels elle est défaillante. Présente en tous, elle ne l'est pas identiquement chez chacun : la Volonté de puissance est l'argument de la sélection.

Au sommet de la hiérarchie se trouvent les forts que distingue la capacité à la distance et à la grandeur solitaire. Chez les hommes de cette nature, la vie et la santé existent à leur paroxysme. À la base, il y a les faibles que distingue l'incapacité à dire oui, à vivre leur vie, à consentir à leur existence et aux formes qu'elle exige. La répartition des forces obéit à la pure nécessité. Le nietzschéisme est un jansénisme de la volonté de puissance...

Soucieux de témoigner de son degré dans la hiérarchie, Nietzsche confie dans *Ecce homo* : « J'ai un sens souverain de la distinction – je n'accorderais pas au

---

1. *Ainsi parlait Zarathoustra*, p. 148.

jeune empereur d'Allemagne l'honneur d'être mon cocher[1]. » Ainsi en va-t-il de toute individualité. Son type de participation à la Volonté de puissance la marque du signe de l'élection – ou non. Comment ne pas songer ici à Diogène qui, fort de lui-même et sûr de sa sûreté, demande à Alexandre qu'il s'ôte de son soleil ? Voilà sur scène et en acte l'une des figures du surhumain, une santé agissante et la vertu des grandes individualités... À des lieues de là, les chevaliers du grégaire se font valets et cochers, ils jettent en l'air, en pure perte, les flots de fiel et de bile qui n'atteindront jamais leurs cibles tant la distance est longue.

## Esthétique cynique

Zarathoustra a promu vertus théologales le rire, la danse et le vin. L'éclat, le pied léger et l'ivresse. De quoi fonder une grande santé en même temps qu'une transmutation de valeurs à même de faire de la noblesse et de la jouissance les objectifs d'une éthique soucieuse du sens de la terre. Descendu de la montagne, il a enseigné la politesse du désespoir, le désir de vent et la volonté d'ébriété. Rien n'est plus à même de faire du corps la vérité première de la morale nietzschéenne.

Les cyniques de l'antiquité grecque manquent singu-

---

1. *Ecce homo*, p. 22.

lièrement dans l'œuvre de Nietzsche. Et pourtant, eux qui n'hésitaient pas à manger de la chair crue, de la viande humaine et à se masturber sur la place publique avaient de quoi séduire le philosophe au marteau. Même désir d'en finir avec les vieilles hypocrisies d'un monde usé, même volonté de promouvoir l'immanence et de proposer en ascèse une tension vers un dépassement – une forme de surhumain.

Zarathoustra et Diogène ont même en commun l'étrange manie d'arpenter les rues une lanterne à la main tout en quêtant l'homme en plein jour. L'un et l'autre aiment la vie, le soleil et la simplicité. Tous deux sont friands de nouvelles façons de vivre plus que de théories ou de systèmes. Philosophe au marteau, philosophe au tonneau – chacun, à sa manière, a élu domicile sur les cimes, choisi la solitude, la lucidité froide et cruelle contre toutes les sottises.

Diogène aurait d'ailleurs aimé Zarathoustra, ce philosophe au bestiaire, toujours accompagné d'un aigle, l'animal le plus fier, et d'un serpent, l'animal le plus subtil. Il aurait pris goût aux chameaux et aux lions, aux dragons et à ses valeurs, à la vipère et à sa morsure, aux vengeances des tarentules, aux essaims de colombes associés aux lions rieurs. Lui, Diogène, le philosophe à la souris, au chien, au hareng, à la grenouille et aux poulpes. Et puis, Nietzsche dit du cynisme qu'il saisit « ce qui peut être atteint de plus haut sur terre[1] ». Parmi

---

1. *Ecce homo*, p. 67.

ces sommets sur lesquels évoluent Diogène et ses congénères, Nietzsche recherche les vertus magnifiques et les plantes rares de sa morale nouvelle. Il va les trouver sous la forme du Rire, de la Danse et de l'Ivresse.

Argument ultime contre le vieux monde, le rire fait éclater les certitudes admirables, il sème le doute et récolte la tempête. Il congédie le sacré et la transcendance : contre les aspects visqueux de Dieu, il est le seul recours. Levain de l'immanence la plus efficace, il argumente pour une suprême dérision qui prépare les espaces de solitude et d'isolement, d'élection et d'excellence. Sa place dans l'économie du système nietzschéen est architectonique ; il est la condition de possibilité d'un gai savoir en même temps que d'une grande santé ; simultanément, il en donne le signe avant-coureur, le prolégomène au sens de la terre.

L'éclat autorise une esthétique païenne débarrassée des dieux et du divin. Sa fonction invite à la lucidité. L'œuvre accomplie par le rire est psychagogie : réduction du réel à sa nature véritable, sans ses hypothèses et ses attributs mensongers – à mi-chemin entre la dissociation d'idées et la déconstruction. Le rire force le réel à apparaître nu, défait de l'épaisse couche d'illusions, de fantasmes et d'erreurs – un réel authentique, par-delà bien et mal. Suprême dépense, il est le cri affirmatif et la consolation terrestre jaillie des niches vidées de leurs locataires divins.

Zarathoustra fait un usage décapant du rire : il est

sacrifice et extase, jugement de valeur et catharsis, distraction du réel et recours à l'exaspération. En lui se tend et se mobilise le corps tout entier, la chair, le sang et le souffle. Rien n'exprime plus la prééminence de la peau sur les idées. Tout ce qui stagne au creux de la chair et s'en repaît à ses dépens est expulsé. Les substances toxiques de l'optimisme et de l'espoir sont négociées au profit du dépouillement de toute naïveté.

Pas de rire sans douleur, pas de douleur sans lucidité. Pas de connaissance sans souffrances. Le rire occupe chez Nietzsche le rôle joué par la Raison pendant des siècles : un instrument d'appropriation du monde, une rhétorique impérieuse. L'éclat est agressif, participe de l'infernal et de la course à l'abîme. Pas étonnant dès lors que le christianisme condamne le rire que Jésus ignore. Le sens de l'anathème est évident : avers d'une médaille dont le revers est magnifié par la religion mortifère – les larmes.

Le rire œuvre dans le sens de la transmutation des valeurs : il veut le renversement des perspectives désolantes et du sérieux. La mort de la mort et la naissance de la vie. Eau et feu, le rire et Dieu sont incompatibles. Seul Dionysos génère l'éclat. Le Crucifié, lui, produit le deuil et la mélancolie, les pleurs et le cortège des adorateurs d'afflictions. Le rire fonde un eudémonisme athée.

Au cœur du rire gît le dédain. Avec une arme pareille, le rieur se fait aristocrate, contempteur des contempteurs. Pour éviter l'usage gras et plébéien du rire, Nietzsche l'associe à l'aérien, à la légèreté : « Celui de qui les hommes un jour apprendront à voler, enseigne Zarathoustra, il aura renversé toutes bornes frontières ; toutes bornes frontières mêmes pour lui dans l'air voleront ; la terre sera par lui rebaptisée – la légèreté. » Car « avant tout, que de l'esprit de pesanteur je sois l'ennemi ; c'est là façon d'oiseau, et, en vérité, ennemi mortel, ennemi juré, ennemi héréditaire[1] ». Le rire est le souffle qui intercède auprès des instances hyperboréennes afin de mieux détruire l'esprit de sérieux – l'esprit de lourdeur.

Lorsqu'il rit, Zarathoustra concentre les forces psychagogiques avec lesquelles il déclenche les orages négateurs, « car dans le rire ensemble se mélange tout mal, mais par sa propre béatitude absous et sanctifié[2] ». Cruauté contre l'évidence et les mythes, les illusions et les vérités, l'hypocrisie et la lâcheté – bonne cruauté. Cruauté contre le vieux monde et les recours opiacés. Effrayés et terrorisés par la nature entropique du réel, les hommes rivalisent d'ingéniosité et inventent une constellation de mensonges : métaphysique, religion, système, morale, vertu et faute, habitude et conformisme, rite, mystère et morale, idéologie – idiosyncrasie dit Nietzsche –, théories et hypothèses. Il pulvérise ces châteaux de cartes, défait les décors et révèle les viscères sous la peau.

Le monde est d'une banalité scandaleuse, d'une simplicité affligeante. Les masques dont le réel s'affuble sont tous les mêmes, car ils procèdent tous des mêmes

---

1. *Ainsi parlait Zarathoustra*, « De l'esprit de pesanteur », II, I.   2. *Id.*, « Des sept sceaux », VI.

angoisses, de la même volonté de sacrifier plutôt aux larmes qu'au rire. Entre le réel attendu, bigarré et chamarré et le réel manifeste, nu et cru, il y a l'abîme d'où surgit le rire.

Nietzsche vante les mérites de l'éclat au point d'inviter à une nouvelle aune à laquelle mesurer les pensées et leurs valeurs : « Je me permettrai d'établir une hiérarchie des philosophes d'après la qualité de leur rire, en plaçant au sommet ceux qui sont capables du rire d'or. Et en admettant que les dieux cultivent eux aussi la philosophie, ce que diverses conclusions me portent à croire, je ne doute pas non plus qu'ils ne sachent, tout en philosophant, rire d'une façon neuve et surhumaine, aux dépens de toutes les choses sérieuses[1]. » On verrait se côtoyer au sommet Diogène, Cratès et Empédocle. Plus tard Montaigne et Schopenhauer. Aujourd'hui Bataille, Foucault et Clément Rosset. Si peu face à la cohorte des larmoyants et des tristes...

Associée au Rire afin de fonder la légèreté dionysiaque, Nietzsche promeut aussi la Danse. Dans *Ainsi parlait Zarathoustra*, le diable, symbolisé par l'esprit de pesanteur, est opposé à dieu, l'esprit de légèreté qui s'incarne dans la danse. Si le Rire transforme l'angoisse en allégresse, la crainte en joie, la danse, elle, est l'alchimie qui remplace le lourd, le pesant et l'épais par le léger, l'aérien et le subtil. Rire et danse sont les

---

1. *Par-delà le bien et le mal*, § 294.

instruments cyniques de la transmutation des valeurs – figures allégoriques en même temps de la volonté novatrice, sinon révolutionnaire. D'où la pleine puissance des mots de Zarathoustra : « Et soit perdu pour nous le jour où même une fois nous ne dansâmes. Et soit fausse pour nous toute vérité où il n'y ait un seul éclat de rire[1]. »

Danser, c'est tromper l'espace et narguer la pesanteur, jouer avec son corps et les volumes, affirmer la vérité des muscles et leur tension. Danser, c'est s'arracher du sol, imiter le vol, singer Icare, défier les dieux et la nécessité. C'est passer outre la condition tellurique puis chtonienne du mortel pour accéder au sur-humain et à ses vertus alcyoniennes – le souffle et l'éther, le vent et les espaces. L'alcyon, oiseau de paix, présage de quiétude et symbole du glissement sur les eaux...

Nietzsche précise : « Je ne croirais qu'en un dieu qui à danser s'entendît. [...] J'ai appris à marcher ; de moi-même, depuis, je cours. J'ai appris à voler ; pour avancer, depuis plus ne veux qu'on me pousse. Maintenant je suis léger, maintenant je vole, maintenant me vois au-dessous de moi ; par moi c'est maintenant un dieu qui danse[2]. » Danseur de corde, amateur d'abîmes, franchisseur de cimes, solitaire des altitudes, Nietzsche n'a cessé de vouloir la hauteur, les sommets et la noblesse de qui peut embrasser d'un seul regard la totalité du monde.

---

**1.** *Ainsi parlait Zarathoustra*, « D'anciennes et de nouvelles tables », XXIII.   **2.** *Id.*, « Du lire et de l'écrire ».

Rieur et danseur, il donne à ses éclats et à ses sauts une signification rhétorique.

Ivresse ou extase, retrouvailles du corps avec lui-même, réconciliation par-delà toutes les aliénations, le souci nietzschéen consiste à promouvoir Dionysos contre le Crucifié, la Vie contre la Mort. La référence au dieu grec contient toute l'apologie pensable du principe séminal, de ses impulsions et de son impérialisme. Elle suppose une exacerbation de la sève et de son expansion, des forces obscures et architectoniques.

Nietzsche vante en Dionysos le dieu du Rire, de la Danse et de l'Ivresse. Dans *La Naissance de la tragédie*, il en donne une description lyrique. À l'époque, il est encore préoccupé par le déclin de l'Allemagne et croit en la possibilité d'une renaissance collective par le recours aux mythes, à Wagner et à Schopenhauer. La solution nietzschéenne au problème prussien est collective : Dionysos est le principe fédérateur des festivités de réconciliation et de renaissance.

Décrivant ces dionysies, Nietzsche parle du «ravissement délicieux qui s'élève du fonds intime de l'homme, voire de la nature»; il souligne la proximité de ces états avec ceux que provoquent les breuvages alcoolisés ou narcotiques, ou avec «l'approche puissante du printemps qui émeut le désir de la nature entière». De même, il associe le dionysiaque à «un torrent mugissant la vie ardente» et insiste sur le rôle conciliateur joué par cette puissance entre les hommes et le monde : «L'esclave devient un homme libre, toutes les barrières rigides et hostiles que la nécessité, l'arbitraire ou la mode insolente, ont mises entre les hommes cèdent à présent. »

Règnent alors l'harmonie, la fusion, la réconciliation, la légèreté, les vertus aériennes – parlant de l'homme ravi, Nietzsche écrit : « Il est sur le point de s'envoler en dansant dans les airs. Ses mouvements révèlent qu'il est ensorcelé [...]. L'énergie artiste de la nature entière se révèle parmi les frissons de l'ivresse [...]. C'est l'argile la plus noble, le marbre le plus précieux, l'homme lui-même, qui est ici sculpté[1]. » Avec ces puissances de l'enivrement, l'homme accède à une dimension nouvelle : il participe de la jouissance, de l'affirmation et de la vie exacerbée.

Enraciné dans le monde, il jouit de sa présence et consent aux forces qui l'habitent. Contre le renoncement, il pratique le débordement, la joie, le plaisir, l'allégresse – toutes possibilités d'une existence supérieure, de formes de vie nouvelles. Le souci de soi est porté à son maximum. L'éthique païenne s'appuie sur l'esthétique cynique : ultime principe et règle de la légèreté : un bon égoïsme, non pas l'égocentrisme qui répond au réel en travestissant le ressentiment, mais l'authenticité qui ignore la mauvaise conscience et les pesanteurs de la culpabilité. Zarathoustra donne la formule de cette éthique nouvelle : « Qui se veut rendre léger, et qui se veut oiseau, il faut que celui-là s'aime

---

1. *La Naissance de la tragédie*, § 1.

lui-même, – voilà ce que j'enseigne, moi[1]. » D'où la nécessité d'une saine casuistique de l'égoïsme.

## La casuistique de l'égoïsme

L'éthique nietzschéenne se soucie de choses prochaines et de pratiques concrètes. L'injonction morale est simple, elle invite à l'expression esthétique de l'existence : « Soyons les poètes de notre vie, et tout d'abord dans le menu détail et dans le plus banal[2]. » L'idéal surhumain a pour fonction de magnifier la vie dans toutes ses formes. À la figure déchue de Jésus, il faut substituer celle de Dionysos, plus préoccupée d'ivresse et de vitalité. Avec le dionysisme, « l'homme n'est plus artiste, il est lui-même œuvre d'art[3] ». Rien n'est plus éloigné du christianisme et de ses impératifs mortifères que cette volonté de faire d'une vie matière à formes, choix, décisions. L'éthique trouve un sens par l'esthétique : le bien n'a de vérité que dans le beau.

Pour construire une morale digne du sens de la terre, il faut aborder la question des possibilités du corps. Les chairs ont été négligées sinon persécutées pendant trop longtemps. La maladie a suffisamment appris à Nietzsche sur ce point. L'idée n'est qu'un produit de la phy-

---

[1]. *Ainsi parlait Zarathoustra*, « De l'esprit de pesanteur », II.  [2]. *Le Gai Savoir*, § 289.  [3]. *La Naissance de la tragédie*, § 1.

siologie, et celle-ci est en rapport immédiat avec le corps : « Le travestissement inconscient de besoins physiologiques sous les masques de l'objectivité, de l'idée, de la pure intellectualité est capable de prendre des proportions effarantes – et je me suis demandé assez souvent, écrit Nietzsche, si, tout compte fait, la philosophie jusqu'alors n'aurait pas absolument consisté en une exégèse du corps et un malentendu du corps[1]. » De la métaphysique comme résidu de la chair.

Outre la chair, il faudrait promouvoir les espaces utiles pour créer une logique de l'immanence. Pour défricher ces zones oubliées, il s'agit en premier lieu de saisir théoriquement leur nature. D'où l'importance d'une Histoire des choses prochaines car « jusqu'à ce jour rien de ce qui donne de la couleur à l'existence n'a encore eu son histoire[2] ». Rien sur l'amour, la cupidité, l'envie, la conscience, la pitié, la cruauté. Rien sur le droit ou les peines, sur les divisions de la journée, la logique des emplois du temps. Rien sur les expériences communautaires, les climats moraux, la vie quotidienne et les mœurs des créateurs. Rien non plus sur la diététique : « Connaît-on les effets moraux des aliments ? Existe-t-il une philosophie de la nutrition[3] ? »

Dans *Ecce homo*, Nietzsche n'hésite pas à écrire : « Il est une question qui m'intéresse tout autrement, et dont le "salut de l'humanité" dépend beaucoup plus

---

**1.** *Le Gai Savoir*, § 2.   **2.** *Id.*, § 7.   **3.** *Ibid.*

que n'importe quelle ancienne subtilité de théologien : c'est la question du régime alimentaire. Pour plus de commodité, on peut se la formuler ainsi : "Comment au juste dois-tu te nourrir pour atteindre au maximum de ta force, de la vertu au sens de la Renaissance, de la vertu garantie sans moraline[1] ?" »

Et Nietzsche de se préoccuper de ses aliments : pas de cuisine allemande, trop lourde, pas de bière ni d'alcool, trop dangereux. De l'eau et une alimentation qu'il fantasme puisqu'il promeut les recettes piémontaises comme les meilleures du monde et les plus légères – des pâtes, des viandes en sauce ou des liaisons farineuses. De même est-il soucieux de son emploi du temps alimentaire : chocolat hollandais le matin puis, une heure plus tard, un thé léger. Repas sans bruits et accompagnés le plus souvent de viandes.

Nietzsche est un amateur forcené de charcuteries – il raffole de saucisses sèches que sa mère lui envoie et qu'il pend en chapelets dans sa chambre, de même s'inquiète-t-il dans nombre des lettres à sa mère des envois de jambons saumurés. Bien que théoriquement attentif aux effets des aliments sur le corps et ses productions, il n'hésite pas à faire des cures de bière pour – dit-il – mieux dormir… De même croit-il donner dans la légèreté lorsqu'il dîne d'une omelette fourrée à la marmelade de pomme, de biftecks saignants et d'épinards…

---

1. *Ecce homo*, p. 36.

Le deuxième souci nietzschéen concerne le choix des climats. La vie du philosophe est une longue suite d'errances à travers toute l'Europe : la Suisse, l'Autriche, l'Italie, la France, sans parler de ses désirs de Tunisie, de Mexique, de Japon ou de Pérou. Venise, Sils-Maria ou Nice, autant de lieux marqués par son empreinte. Il veut un ciel et une température, une hygrométrie et une luminosité adaptés à ses yeux et à son corps.

« Il n'est donné à personne, écrit-il, de pouvoir vivre à sa guise n'importe où : pour qui doit assumer une grande tâche qui requiert toute sa force, le choix est même très limité. Si grande est l'influence des climats sur les échanges organiques, qu'il ralentit ou accélère, qu'il suffit d'une erreur dans le choix du lieu et du climat pour, non seulement, détourner un homme de sa tâche, mais même la lui cacher : il la perd tout à fait de vue[1]. »

L'air sec et le ciel pur sont les conditions de possibilité de l'émergence du génie. S'ils ne suffisent pas, ils peuvent bien cependant l'interdire ou en rendre l'expression difficile, voire impossible. À l'appui de sa thèse, Nietzsche cite Paris, la Provence, Florence, Jérusalem ou Athènes, autant d'endroits où l'esprit souffle en même temps que l'inspiration et le vent de la création.

---

1. *Ecce homo*, p. 40.

Les lieux doivent permettre une alchimie qui favorise l'énergie et la production de forces. Tout ce qui entrave la légèreté est à bannir : il faut promouvoir la danse et le jeu alcyonien. Chacun doit analyser ce qui lui correspond comme type de climat. Les influences de la météorologie produisent des effets différents selon les individus : l'un a besoin d'être stimulé, l'autre refréné, tel a besoin d'humidité et de pluie, tel autre de sécheresse et de vents brûlants. Le bocage ou le désert, la forêt ou les dunes.

Une fois de plus, Nietzsche met en avant les impératifs du corps, sa logique et ses discours : « Il ne faut pas se méprendre sur la méthode. Une simple éducation des sentiments et des pensées est presque équivalente à zéro. C'est le corps qu'il faut d'abord convaincre. Il suffit amplement de veiller à respecter strictement des attitudes significatives et distinguées, de s'engager à ne vivre qu'avec des êtres qui ne se laissent pas aller, pour devenir soi-même significatif et distinguer. [...] Pour le sort du peuple et de l'humanité, il est d'une importance décisive que la culture commence au bon endroit (et pas par l'âme, comme le voulait la funeste superstition des prêtres et demi-prêtres) : le bon endroit, c'est le corps, l'apparence physique, le régime, la physiologie – et le reste suit de lui-même[1]... »

Rien n'est plus concret que le souci nietzschéen des ciels et des aliments : il voit dans cette volonté de maî-

---

1. *Crépuscule des idoles*, pp. 138-139.

triser le moindre fait un moyen d'accéder un peu au pouvoir sur le *fatum*. Bien que la Volonté de puissance soit partout à l'œuvre, bien qu'elle décide de tout, sur tout, Nietzsche pense possible d'user d'un savoir-faire, de tout un art de soi pour tromper la nécessité puis agir sur le monde.

La Volonté de puissance subit des lois : celle de sa propre nature et de sa complexion. Il est dans les compétences du sage épris de surhumain de connaître ces lois et d'inviter sa vie à pencher du côté des instances les plus fastes, les plus prometteuses d'énergie et de force. Nietzsche explique dans *Ecce homo* comment il fait une lecture de la vie : il n'est question pour lui que de puissance défaillante ou de puissance forte.

Analysant l'époque où il travaillait en Suisse, il écrit : « Pendant ma période bâloise, tout mon régime intellectuel, y compris l'emploi de mes journées, constituait un mésemploi totalement absurde de forces exceptionnelles, sans même une recharge de forces qui en compensât la dépense, sans même réfléchir à la dépense et à la reconstitution nécessaire. J'étais dépourvu de tout égoïsme supérieur, de toute stricte tutelle d'un instinct dominant ; c'était là m'abaisser au niveau du premier venu, m'oublier, oublier les distances – une chose que je ne me pardonne pas[1]. »

Le registre du vocabulaire est expressif : forces-dépenses-recharges. Tout se concentre dans ces trois

---

1. *Ecce homo*, p. 42.

moments. L'énergie s'accumule, se décharge, puis exige une nouvelle accumulation, suivie à nouveau d'une décharge. L'individu est le carrefour de ces opérations mécaniques. Seule une connaissance de ces logiques de la réparation permet l'intervention active du sujet dans cette économie qu'en termes modernes l'on dirait libidinale.

Le troisième souci nietzschéen – celui qui fonde cette casuistique de l'égoïsme et permet au philosophe d'expliquer pourquoi il est si avisé – concerne les délassements, les loisirs. Nietzsche avoue son plaisir à la lecture. On peut vraisemblablement inférer celui de l'écriture. Lire, ce peut être apprendre, mais aussi se distraire, se détacher de soi-même, s'oublier. Une bibliothèque offre la promesse d'une amitié en même temps que le réservoir de possibles incommensurables. Tout lecteur assidu possède un rayon de livres de prédilection et d'auteurs préférés avec lesquels se fabriquent une vie et une pensée.

Nietzsche lit avec bonheur les moralistes français. Ce sont eux – Montaigne, La Rochefoucauld, Vauvenargues, Chamfort, Rivarol, Joubert ou Helvétius – qui lui permettent aussi bien de se détendre que d'élaborer sa théorie anthropologique. Les livres lui sont précieux car ils lui fournissent la seule amitié dont il puisse se satisfaire dans son errance perpétuelle.

Quatrième passion de cette casuistique : la musique sans laquelle il n'aurait sans doute pas été totalement lui-même. Compositeur invité par Wagner à abandonner l'idée d'une carrière musicale, il sait combien on peut compter sur cette activité pour générer des plaisirs essentiels. Dans une lettre à Peter Gast datée du 15 janvier 1888, il écrit cette phrase célèbre : « La vie sans musique n'est qu'une erreur, une besogne éreintante, un exil[1]. »

Lors de toutes ses pérégrinations en Europe, il ne cesse de se rendre aux concerts pour y écouter ses œuvres de prédilection mais aussi des programmes qu'il est avide de découvrir. S'il n'aime ni Schumann, ni Brahms, ni Liszt, coupables de mièvreries, par défaut de virilité, il aime par-dessus tout Mozart et écrit dans sa première *Considération intempestive* : « Les médiocres n'ont même pas le droit de le louer[2]. » Ailleurs, il précise son sentiment et donne les raisons de son admiration : Mozart est l'homme du « ton de bonne compagnie, du délicat enthousiasme, le plaisir d'enfant qu'il prend aux chinoiseries et aux fioritures, sa politesse de cœur, son goût de la grâce, de la tendresse et de la danse, sa sensibilité un peu larmoyante, son idéal méridional [font] encore appel à une survivance en nous[3] ».

De même apprécie-t-il Mendelssohn, Haydn, Palestrina pour leur musique alcyonienne, leur goût de la légèreté et de l'aérien. Avec Wagner, le problème est délicat : trop d'amour déçu produisit une haine, une

---

1. *Correspondance générale*, « Lettre à Peter Gast », 15 janvier 1888.    2. *Considérations intempestives*, I, p. 79.    3. *Par-delà le bien et le mal*, p. 189.

injustice et un… ressentiment assez peu nietzschéen !
Enfin, concessions à la modernité, il aime Schubert
qu'il trouve riche de potentialités inusitées, et Chopin
pour lequel il écrit : « Je donnerais pour Chopin tout le
reste de la musique[1]. » Enfin, incontournables et
phares de la musique classique, Bach et Beethoven
sont gratifiés sans retenue. Le premier comme un
musicien qui aurait pu être présent au moment de la
création du monde, le second comme l'interprète de la
solitude, de la mélancolie et de la contemplation.

Compositeur, amateur et auditeur, Nietzsche a
consacré une grande part de son existence à la
musique. Nombre de ses lettres témoignent de l'attention particulière qu'il met à découvrir des musiques, à
comparer, à s'y soumettre corps et âme. Lorsqu'il
écoute, Nietzsche ouvre la totalité de son corps. Il
n'est pas rare de le voir se confier à tel ou tel – souvent
Peter Gast – et d'avouer l'incroyable mise à l'épreuve
de son système nerveux au concert. Parfois, il a besoin
de plusieurs jours pour se remettre d'une musique trop
violente.

Enfin, cinquième et ultime usage du corps, Nietzsche fait l'apologie de la marche. Sa pratique quotidienne lui fait parfois entreprendre des promenades de
plusieurs dizaines de kilomètres – plus de dix heures
d'activité physique consécutives. Il marche quel que

---

**1.** Nietzsche, *Le Cas Wagner*, « Idées » Gallimard, 1980, p. 105.

soit le temps. Malgré sa mauvaise vue, il chemine sur les étroits sentiers à Èze, sur la corniche de l'arrière-pays niçois, autour des lacs en Suisse, à Sils-Maria où il aura sa vision de l'Éternel Retour.

Il marche également à Turin où il déambule sous les allées couvertes dont il se souviendra dans un aphorisme du *Gai Savoir* intitulé : « Architecture des contemplatifs » et qui précise : « Il serait nécessaire de comprendre un jour, et probablement ce jour est-il proche, ce qui manque avant tout à nos grandes villes : des lieux de silence, spacieux et fort étendus, destinés à la méditation, pourvus de hautes et des longues galeries pour les intempéries ou le trop ardent soleil, où pénètre nulle rumeur de voitures ni de crieurs, et où une bienséance plus subtile interdirait même au prêtre l'oraison à voix haute : des édifices et des jardins qui dans leur ensemble exprimeraient la sublimité de la réflexion et de la vie à l'écart. […] Notre désir serait de nous voir nous-mêmes traduits dans la pierre et dans la plante, de nous promener au-dedans de nous-mêmes, lorsque nous irions de-ci de-là dans ces galeries et dans ces jardins[1]. »

La marche est l'auxiliaire de la méditation, elle autorise une réflexion légère, aérienne et déliée. Elle est à mettre en perspective avec le souci diététique qui vise à produire une digestion facile. L'obsession nietzschéenne est de conjurer la lourdeur et l'épaisseur. Manger et marcher permettent d'appréhender le corps

---

**1.** *Le Gai Savoir*, § 280.

comme une machine susceptible de souplesse, de vivacité et d'agilité. Le corps est moins une entrave qu'un mécanisme subtil dont il faut faire un usage pertinent.

Les exercices proposés dans les écoles et dans les casernes visent moins une allégresse personnelle qu'une efficacité dans la communauté. Équitation, natation et marche étaient sans mystères pour Nietzsche qui savait également utiliser les pistolets et sabres des duels d'étudiants. La pratique individuelle d'une activité sportive est alors loin de faire partie de l'arsenal du Prussien moyen, encore moins du philosophe au cul de plomb légendaire.

Nietzsche fait de toute la pensée allemande un résultat de l'engorgement dû à trop de nourriture – trop de mauvaises nourritures – et pas assez d'exercice. Une pensée se devait, dans l'esprit du philosophe, d'avoir été méditée lors de longues sorties en plein air. C'était le gage de sa pertinence. Une réflexion entretenue à un bureau, dans une chambre, ne méritait – selon lui – aucune espèce d'intérêt.

Figure de l'éternelle errance, Nietzsche est le penseur des domiciles successifs et le pérégrin impénitent. Marches à travers l'Europe, à la recherche du climat et de la lumière, marches dans les contrées, montagnes et sentiers, collines et campagne – il n'a cessé de quérir l'autre lieu, l'autre espace, l'introuvable endroit. La marche le menait ailleurs, pour fuir sa solitude et sa douleur, ses obsessions et ses incertitudes.

La casuistique de l'égoïsme apparaît finalement

comme une morale du souci de soi – si bien systématisée par le Michel Foucault de l'*Histoire de la sexualité* –, une technique de la singularité qui rompt définitivement avec les impératifs négateurs des philosophies de l'idéal ascétique. Nietzsche prend en considération la chair, le corps. Non pas un corps rêvé, idéal ou théorisé. Mais un corps mangeant, marchant, souffrant, un corps qui entend, qui goûte et voit, sent et touche. Le corps des cinq sens auxquels il applique ses domaines de prédilection.

Jamais avant lui le souci diététique n'a fait l'objet d'une théorisation aussi précise. Seuls quelques auteurs antiques – Plutarque, par exemple – ont écrit et réfléchi sur ce sujet. De même faut-il attendre Schopenhauer pour que la musique devienne métaphysiquement un sujet de préoccupation. Là encore non pas une musique idéalisée – celle des chiffres, des nombres ou d'une quelconque mathématique des vibrations – mais celle de tel ou tel compositeur.

*Le Gai Savoir* et, avant lui, *Aurore* théorisent ces moments du quotidien créateurs d'un corps et d'une vie. Rien n'est plus immédiat que le désir de maîtriser la chair au quotidien : celle qui absorbe les repas, écoute les mélodies, ressent l'hiver, la brume ou les rayons du soleil lors de longues promenades, celle qui se repaît de quiétude avec la lecture ou la contemplation d'un paysage. Le christianisme meurt vraiment quand le philosophe utilise voluptueusement un instrument que deux siècles n'ont cessé de réprimer.

# CONCLUSION

# Du nietzschéen

D'orages en aurores, de séismes en architectures nouvelles, le portrait du nietzschéen a lentement pris forme. À ce point de l'analyse, il faut répondre à la question : comment peut-on être nietzschéen ? Avant toute chose, il convient de préciser que Nietzsche lui-même redoutait qu'on puisse se réclamer de sa pensée de façon trop servile. Il faut être nietzschéen comme Nietzsche aurait vraisemblablement aimé qu'on le fût : en insoumis. Zarathoustra professait qu'« on rémunère mal un maître si l'on reste toujours l'élève[1] » et enjoignait ses auditeurs à le perdre pour mieux le retrouver.

Rien ne serait plus étranger à Nietzsche qu'un nietzschéen gardien du temple, laudateur servile d'une doctrine. Rien de plus contraire à l'esthétique de l'esprit libre qu'un nietzschéen reprenant à son compte, béatement, les idées majeures du philosophe. La leçon de Nietzsche émancipe. Elle invite à mettre en scène sa

---

**1.** *Le Gai Savoir*, p. 336.

propre subjectivité sur le théâtre du monde. Dans *Le Gai Savoir*, le maître du soupçon a confié combien il lui était « odieux de suivre autant que de guider[1] ».

Parmi les vertus cardinales du nietzschéen, il y a la « faculté d'être autre et seul de son parti[2] ». Il faudrait, pour donner toute la mesure d'une pareille vertu, citer tous les textes dans lesquels le philosophe assassine les fanatiques de l'instinct grégaire pressés de se coaguler, de s'agréger, de se confondre aux autres. Leur souhait ? Revêtir une couleur de mur ou d'insecte. Contre le mimétisme, Nietzsche n'a pas de mots assez forts. Être nietzschéen, c'est avant tout : oser être soi-même, assumer le degré de puissance qui nous habite, dire oui aux forces qui sont en nous, se créer liberté, consentir à la force du destin, aimer la nécessité, rire et danser, vivre et jubiler.

Pour l'essentiel, la leçon du philosophe consiste en un double jeu de négation et d'affirmation. La négation concerne tout ce qui entrave la Volonté de puissance, donc tout ce qui empêche l'expression de la vie, du plaisir et de la jouissance. Objets privilégiés des orages négateurs : Dieu, la Religion, l'État, la Politique, la Morale, le Christianisme, toutes versions d'une même obsession : l'idéal ascétique. Cette volonté libertaire de faire table rase se double d'un grand désir affirmateur. Le Oui s'applique à ce qui favorise l'expansion du

---

**1.** *Le Gai Savoir*, p. 411.   **2.** Nietzsche, *Dithyrambes de Dionysos*, Gallimard, 1975, p. 189.

vouloir : la Vie, le Corps, le Plaisir, la Joie, la Force, l'Ivresse, la Danse, le Rire, l'Exubérance, la Profusion.

Nietzsche concentre sa pensée dans un aphorisme du *Crépuscule des idoles* qui enseigne : « Formule de mon bonheur, un oui, un non, une ligne droite, un but[1]... » Le Oui se dit à la Vie ; le Non à ce qui l'entrave ; la ligne droite est le cheminement qui conduit à la liberté de l'esprit, aux cimes de l'Hyperboréen, à la singularité. Le but, c'est l'au-delà des aliénations, des disharmonies et des dissonances entre soi et soi, soi et les autres, soi et le monde.

Parmi les divinités païennes qui réjouissent Nietzsche, Éros sort du lot, comme l'une des nombreuses formulations de Dionysos – avec Bacchus et Vénus, leurs doubles romains. Le philosophe dit sa confiance dans le dieu du plaisir, de la jouissance, de l'expansion vitale. Nietzsche dit Oui à Éros et non à ce qui l'entrave. Il sait que le christianisme a empoisonné Éros – « il n'en est pas mort, poursuit-il, mais il est devenu vicieux[2] ». Contre l'hypocrisie et l'exigence d'un étouffement des instincts, Nietzsche souhaite la vie simple à l'écoute des pulsions et des passions, des émotions et des plaisirs.

En ce sens, il n'est peut-être pas plus nietzschéen dans l'esprit que Freud qui stigmatise la religion comme illusion, dénonce et analyse le malaise dans la civilisation, affirme la toute-puissance d'énergies que la Raison ne parvient pas à saisir intégralement, lui enfin qui raconte

---

**1.** *Crépuscule des idoles*, « Maximes et traits », 44.   **2.** *Par-delà le bien et le mal*, § 168.

le rôle mortifère de la civilisation nourrie de la libido des singularités sacrifiées. Les analyses de *La Généalogie de la morale* font de Nietzsche un philosophe de la plus grande lucidité. Freud lui doit d'ailleurs beaucoup trop sur ce sujet pour qu'il ait confessé sa dette.

Après avoir fait le récit de l'émergence de la mauvaise conscience, après en avoir isolé les conditions de possibilité, Nietzsche dit le caractère résolument antinomique – depuis des siècles – des puissances instinctives et des structures sociales – les secondes se nourrissant d'ailleurs des premières à la façon des succubes. Avec Nietzsche, l'homme est saisi comme « l'être que ses privations font languir dans la nostalgie du désert[1] », il devient l'emblème de l'obscurcissement, de l'intraitable mélancolie.

Le malaise réside dans une alchimie singulière : « Tout le monde intérieur (de l'homme), d'origine mince à tenir entre cuir et chair, s'est développé et amplifié, a gagné en profondeur, en largeur, en hauteur, lorsque l'expansion de l'homme vers l'extérieur a été entravée. Ces formidables bastions que l'organisation sociale a élevés pour se protéger contre les vieux instincts de liberté [...] ont réussi à faire se retourner tous les instincts de l'homme sauvage, libre et vagabond – contre lui-même[2]. »

Le Oui nietzschéen vise « ces vieux instincts de liberté » qu'il veut, le Non, « ces formidables bastions

---

**1.** *La Généalogie de la morale*, II, § 16.    **2.** *Ibid.*

que l'organisation sociale a élevés pour se protéger » qu'il hait. Nietzsche formule un demi-siècle avant Freud la mécanique contenue dans la seconde topique freudienne : le conflit entre un moi désireux d'expansion et un surmoi générateur de répression, puis l'origine du malaise existentiel dans cette antinomie. Nietzsche fonde résolument la modernité en prenant parti contre le surmoi, contre les instances mortifères cristallisées dans le social. C'est en cela que toute confiance en la Volonté de puissance peut être dite confiance – et vouloir – en une Volonté de jouissance.

Ainsi trouve-t-on tout le long de son œuvre un éloge de la sexualité et des instincts sexuels en même temps qu'une confiance en l'objet de leur tension : « Le sentiment de plaisir fondé sur les rapports humains fait en général l'homme meilleur ; la joie commune, le plaisir pris ensemble sont accrus ; ils donnent à l'individu de la sécurité, le rendent de meilleure humeur, dissolvent la méfiance et l'envie ; car on se sent mieux soi-même et l'on voit les autres se sentir mieux pareillement[1]. »

Ailleurs, le philosophe fustige le travail opéré par le christianisme, le discrédit qu'il a jeté sur les passions, la sexualité et le plaisir. Il déplore la transformation des forces sensuelles nécessaires et normales en auxiliaires de dépit et de dépression intérieure ou de détresse secrète. Vantant les mérites des sensations sexuelles qui génèrent du plaisir, Nietzsche soupire : « On ne

---

1. *Humain, trop humain*, § 98.

rencontre pas si souvent dans la nature de dispositions aussi bienveillantes ! Et l'on vient justement calomnier celle-ci et la corrompre par la mauvaise conscience[1] ! »

Dissociée de l'idée de procréation à laquelle on ne cesse de l'associer, la sexualité devient l'une des modalités de l'expression de la Volonté de puissance. D'où le sens de cet aphorisme de *Par-delà le bien et le mal* : « Le degré et la nature de la sexualité se retrouvent chez l'homme jusque dans les régions les plus hautes de l'esprit[2]. » La vénération de l'instinct sexuel est signe de grande santé : le Oui à la vie en est le symptôme. C'est pourquoi, parce qu'elle nie la positivité de la force génésique, la religion chrétienne est à proscrire, car « il a fallu le christianisme, avec son ressentiment systématique contre la vie, pour faire de la sexualité quelque chose d'impur[3] ».

La maladie est associée à une dépréciation des forces sexuelles. La sublimation caractérise cette entropie réalisée à des fins de domestication : il a fallu détourner le flux sexuel de son cours originel pour en faire quelque chose de socialement acceptable, seule façon de gérer des pulsions effrayantes. Nietzsche ne cesse de dire de la pitié, de l'art, de la société, de la cruauté, de la compassion qu'ils relèvent d'une condensation et d'un déplacement des forces séminales primitives. « La prédominance des sentiments de déplaisir sur les sentiments de plaisir est la cause d'une religion et d'une

---

**1.** *Aurore*, § 76. **2.** *Par-delà le bien et le mal*, § 75. **3.** *Crépuscule des idoles*, « Ce que je dois aux anciens », § 4.

morale fictive : or une pareille prédominance livre la formule de la décadence[1]. »

La jouissance s'exprime dans les logiques affirmatives : plus le Oui à la vie est manifeste, plus reculent les instances répressives et mortifères. À l'heure de la synthèse, Nietzsche formule de manière concise les résultats de sa longue quête : « Qu'est-ce qui est bon ? – Tout ce qui élève dans l'homme le sentiment de la puissance, la volonté de puissance, la puissance elle-même. Qu'est-ce qui est mauvais ? – Tout ce qui naît de la faiblesse. Qu'est-ce que le bonheur ? Le sentiment que la puissance croît – qu'une résistance est surmontée[2]. »

Le nietzschéisme comme procession ithyphallique, procession eudémoniste, monument érigé pour commémorer le Oui, la Santé, l'Affirmation, la Vie, le Plaisir – et dire en même temps le refus du Non, de la Maladie, de la Négation, de la Mort et du Déplaisir. Ultime phrase de l'œuvre complète du philosophe, celle qui clôt *Ecce homo* et dans laquelle Nietzsche questionne : « M'a-t-on compris ? Dionysos contre le Crucifié[3]. » L'a-t-on compris ?

Argentan, 1988.

---

1. *L'Antéchrist*, § 15.   2. *Id.*, § 2.   3. *Ecce homo*, p. 155.

# DIGRESSIONS BIBLIOGRAPHIQUES

Les premières lectures de Nietzsche en France datent de 1898. Voir de Henri Lichtenberger, *La Philosophie de Nietzsche*. L'année suivante Jules de Gaultier publie *De Kant à Nietzsche*, au Mercure de France, puis *Nietzsche et la réforme philosophique* (Alcan) et *Nietzsche* (Éd. du siècle). Pour l'usage fait du philosophe à cette époque, voir Georges Palante, *Les Antinomies entre l'individu et la société*, *Le Précis de sociologie*, *La Sensibilité individualiste* et *Combat pour l'individu*, chez Alcan. De même, voir Remy de Gourmont, contemporain de ces deux penseurs. Il a lui-même confirmé l'influence de Nietzsche sur sa pensée. Voir les articles significatifs repris dans les *Promenades philosophiques* ou les *Promenades littéraires*, au Mercure de France.

Les premières critiques viennent de Léon Daudet et d'André Suarès. La Première Guerre mondiale y est pour beaucoup. On en rend Nietzsche responsable. Voir le livre de Gabriel Huan, *La Philosophie de F. Nietzsche*, chez de Boccard ou les articles de Louis Bertrand parus dans la *Revue des Deux Mondes*.

Les premières lectures socialistes essaient de concilier la philosophie du surhomme et la révolution prolétarienne sinon le souci ouvriériste. Elles apparaissent sous la plume de Charles Andler dans sa monumentale étude intitulée *Nietzsche, sa vie et sa pensée*, plus de 1500 pages chez Gallimard. Voir aussi Élie Faure, *Les Constructeurs*, en 1914. Très tôt, dans des conférences faites en Suisse, Jean Jaurès a vanté les mérites de Nietzsche qu'il voulait associer à son réformisme politique.

À l'inverse, les lectures marxistes qui font de Nietzsche un penseur du capital, de la petite bourgeoisie en déclin ou du prussianisme décadent ont leur best-seller avec l'ouvrage de G. Lukács, *La Destruction de la raison*. L'école de Lucien Goldman ira en ce sens. Côté soviétique, on trouve ces thèses ressassées à l'envi dans le travail de S. Odouev, *Sur les sentiers de Zarathoustra* (Éd. de Moscou). Côté européen de l'Ouest, les mêmes idées sont développées chez Marc Sautet. Voir *Nietzsche et la Commune* (Le Sycomore).

L'autre type de distorsion est chrétien. Les sectateurs les plus zélés se regroupent sous la houlette de Pierre Paul Valadier, *Nietzsche, l'athée de rigueur* (Desclée de Brouwer). On y retrouve Jean Granier, *Le Problème de la vérité dans la philosophie de Nietzsche* (Éd. du Seuil) et dans son *Nietzsche* de la collection « Que sais-je ? » aux PUF. Voir aussi Éric Blondel, *Nietzsche, le cinquième Évangile ?* (Les bergers et les mages). Plus lucide sur la réalité de l'athéisme nietzschéen, Yvan

Gobry critique Nietzsche au nom de Pascal dans *Nietzsche ou la compensation* (Téqui).

Les lectures universitaires n'ont pas manqué de permettre à des exégètes de faire de l'œuvre du philosophe allemand un prétexte pour exposer leurs propres idées. Voir ainsi le *Nietzsche et la philosophie* de Gilles Deleuze ou le *Nietzsche* de Heidegger. Des approches moins cannibales ont été faites par Sarah Kaufman ou Karl Jaspers.

Les usages de Nietzsche sont multiples. Il faudrait dire quelques mots d'Otto Weininger ou de Ladislav Klima. Lire *Sexe et caractère* du premier et *Je suis la volonté absolue* du second. De bonne heure, Ernst Jünger illustre le caractère hyperboréen du nietzschéisme. Ainsi de ses romans comme *Eumeswill* (y remarquer sa conception de l'Ariste), les volumes du *Journal parisien* ou les analyses exprimées dans *Le Mur du temps*, *L'État universel* ou le *Traité du rebelle*. Freud doit nombre de ses analyses aux intuitions de Nietzsche. Le dernier Freud se rapproche d'ailleurs nettement du philosophe. Le médecin viennois a fait ses preuves, il n'a plus à craindre les accusations de pillage. Freud écrit deux textes parmi les plus beaux du XXe siècle, parmi les plus lucides et en même temps parmi les plus effrayants. Il s'agit de *L'Avenir d'une illusion* et de *Malaise dans la civilisation*. Réminiscences et aveux discrets de proximité avec le Nietzsche de *L'Antéchrist*, celui qui, dès *Aurore*, déconstruit le christianisme ou qui, dans *La Généalogie* oppose la civilisation au civilisé dans une irréductible antinomie génératrice de mélancolie, sinon de malaise.

La France, avec Blanchot, Klossowski et Bataille fournira un ensemble vivant de critiques, de lectures et de développements à partir de Nietzsche. Voir les réflexions sur la communauté impossible du premier, sur l'éternel retour du deuxième ou sur l'hétérogène du dernier. Michel Foucault est sans conteste le plus constant des nietzschéens français : analyste des instances génératrices de norme ou d'exclusion à la façon d'un généalogiste, il y a chez Foucault le même souci que chez Nietzsche de trouver la racine, le principe. Voir ses travaux sur la clinique, la prison, la folie, aussi bien que la sexualité. Le dernier Foucault, celui de *L'Usage des plaisirs* et du *Souci de soi* illustre à la perfection le Nietzsche de la « casuistique de l'égoïsme ».

On ne peut, toutefois, négliger les lectures singulières : celles de Camus soucieux de trouver en Nietzsche une pensée à même de combler les béances du siècle ; celle de Thierry Maulnier qui dit toute l'énergie disponible dans l'œuvre du penseur. Lire, du premier *L'Homme révolté*, du deuxième *Nietzsche*.

Récemment Colli vient d'être traduit en France. Son *Après Nietzsche* témoigne de la proximité qu'il n'a cessé d'avoir avec le philosophe allemand dont il a assuré, en Italie, une édition qui sert de princeps à celle de Gallimard en France.

Lire Nietzsche devrait se faire par-delà les critiques, les gloses – dont ce texte même participe. Pour ce faire, aborder l'œuvre par *La Naissance de la tragédie*, texte chronologiquement inaugural dans lequel Nietzsche manifeste une perspective schopenhauerienne et esthétique où, déjà, le dionysisme est à l'œuvre. Poursuivre avec les quatre volumes de *Humain, trop humain* d'humeur et d'esprit voltairiens, sinon d'une facture digne des moralistes français. Le grand Nietzsche est annoncé par *Aurore*. Il est manifeste dans *Le Gai Savoir*. Le noyau dur de sa pensée est dans *Par-delà le bien et le mal*, *La Généalogie de la morale* et les textes épars destinés au grand œuvre *La Volonté de puissance*. *Le Cas Wagner* vaut comme expression de la constance de l'esprit des intempestives. Pour saisir *Ainsi parlait Zarathoustra*, il faut avoir lu tout Nietzsche. Lorsque chronologiquement les espaces sont comblés entre 1871 et 1888, lire *Ecce homo* aux vertus apéritives sans nom et découvrir *Zarathoustra*, texte emblématique. Nietzsche recommandait qu'on eût, pour le lire, l'éminente vertu des bovins : le talent de la rumination…

# TABLE

*Préface*: Décrue socialiste, crue chrétienne ...... 9

*Introduction*: Usages d'un intempestif ......... 29

*Première partie :* Les orages négateurs ......... 43

SEPT TOMBEAUX SUR L'OBSCURCISSEMENT DU MONDE

Pour une nouvelle cosmologie ............... 45
L'irréligion pure ........................ 52
Le devenir fragment ..................... 61
Rhétorique de moraline ................... 71
Éloge de Ponce Pilate .................... 82
L'anti-politique ......................... 95
Anatomie du socialisme .................. 106

*Seconde partie :* La grande santé ............. 115

CINQ FIGURES POUR DES AURORES QUI N'ONT PAS LUI

Portrait du surhomme .................... 117
De la bonne cruauté ..................... 128

    Le pathos de la distance . . . . . . . . . . . . . . . . . 137
    Esthétique cynique . . . . . . . . . . . . . . . . . . . . . 147
    La casuistique de l'égoïsme . . . . . . . . . . . . . . 156

*Conclusion* : Du nietzschéen. . . . . . . . . . . . . . . 169

*Digressions bibliographiques*. . . . . . . . . . . . . . . . 179

Composition réalisée par IGS-CP

*Achevé d'imprimer en mars 2006 en France sur Presse Offset par*

**BRODARD & TAUPIN**

GROUPE CPI

La Flèche (Sarthe).
N° d'imprimeur : 34949 – N° d'éditeur : 72107
Dépôt légal 1ère publication : janvier 2006
Édition 03 - mars 2006
LIBRAIRIE GÉNÉRALE FRANÇAISE – 31, rue de Fleurus – 75278 Paris cedex 06.

30/8281/5